KB206209

저항과 복종

사이의 존재가 가야 할 길

Resistentia et Oboedientia

강치원의 광야 소리 2

저항과 복종

사이의 존재가 가야 할 길

Resistentia et Oboedientia

호모 레겐스

강치원의 광야 소리 2
저항과 복종 - '사이'의 존재가 가야 할 길

초판 1쇄 발행 2021년 6월 21일

지은이   강치원
펴낸이   허은정
펴낸곳   호모 레겐스
등 록   2020년 10월 21일 제399-2020-000045호
주 소   경기도 남양주시 다산지금로 146번길 117, 7511-801
전 화   031) 565-3305

값 13,000원
ISBN 979-11-973837-1-7

두 딸 예림과 예솔에게

'강치원의 광야 소리' 시리즈를 내며

이 책은 모든 일반 독자들을 위한 것은 아니다. 교회를 잘 다니고 있는 분들, 신앙에 대해 어떤 회의도 들지 않는 분들, 교회의 가르침에 늘 순종하는 분들에게 이 책은 유용하지 않을 것이다. 이 책은 내가 믿고 있는 신앙이 자유를 선물로 주는 진리에 맞닿아 있는지를 반추하는 분들, 맹목적인 목사 추종자가 아니라 주체적으로 신앙의 길을 걷고자 하는 분들, 그저 모이기만을 힘쓰는 교회가 아니라 건강한 교회를 꿈꾸는 분들을 향하고 있다. 동굴 속 갇힌 삶에 주저앉지 않고 동굴 밖 세상으로 나와 이곳에도 계시는 하나님의 영과 함께 신앙의 지평을 넓히고자 하는 분들 말이다. 그 때문에 이 책이 상정하는 독자는 생각하는 신앙인, 이해를 추구하는 신앙인이다.

작금의 한국교회 현실에서 '생각하는 신앙인'의 자리는 교회 안이 아니라, 교회 밖이다. 나는 이 교회 밖을 광야로 표현하고 싶다. 호세아의 표현으로는 하나님 신앙을 회복하는 '거친 들'이요, 누가복음의 말로는 하나님의 말씀이 임하는 '빈 들'의 의미를 지닌 광야 말이다. 하늘의 소리와 땅의 소리가 마주 울리는 광야 말이다. 이런 광야에선 공명共鳴, 곧 함께 우는 소리가 들린다. 이 책은 바로 이 함께 우는 소리를 포착하여 다시금 세상에 들려주고자 한다. 목 놓아 울 수밖에 없는 것들이 한둘이 아니기에 몇 마리의 명학鳴鶴, 곧 우는 학을 소개한다.

이렇게 하여 '강치원의 광야 소리'가 몇 권의 시리즈로 나오게 되었다. '담대하게 죄를 지어라', '저항과 복종 - 사이의 존재가 가야 할 길', '신앙의 마당에서 이성을 뛰어놀게 하라', '교회 세습, 법정에 서다' 등이 이렇게 잉태되었다. 내 마음속 울음이 터져 나와 활자의 옷을 입은 이 소리는 '너'의 마음과 마주 울려 광야에 깊은 눈물 강을 내고자 한다. '나와 너'가 새롭게 세례를 받고, 교회에 새로운 젖줄이 되는 사막의 샘을 이루고자 한다.

그런데 이렇게 세상의 빛을 보게 된 내 마음속 울음은 새롭게 터져 나온 것만은 아니다. 이미 '너'가 이름을 불러 주기를 바라며 활자로 피어난 것들도 있기 때문이다. 학술지와 논문집에 실린 것이나, 특강을 위해 원고로 쓰인 것들이 그것이다. 본 시리즈는 이것들을 바탕으로 하여 새롭게 창조된 것이다. '강치원의 광야 소리'로 들어와 새로운 조합에 기꺼이 동참해준 글들은 가독성을 위해 인용부호 없이 그대로 사용함을 미리 밝힌다. 본서의 배경이 된 목록은 아래와 같다.

　　"지옥에서 하늘나라로, 죽음에서 생명으로" - 루터의 얍복강 싸움과 종교 개혁적 발견, 『한국기독교신학논총』 74(2011), 27-55.
　　"교회, 너는 어디에 있는가? - 루터에게 길을 묻다", 『농촌과목회』 70(2016 여름), 17-33
　　"종교개혁 이후 루터교의 형성과 발전 과정", 『농촌과목회』 76(2017 겨울), 20-42.

　끝으로 이 책의 원고를 꼼꼼히 읽어주고 교정과 조언을 해준 최학래, 김동진, 이신영, 박미연, 전은숙 님과 출판의 전 과정을 잘 인도해준 고영래 사장(미래사)에게 감사드린다. 또한 지난 3년 가까이 늘 격려하며 동행해준 책읽는교회 모든 형제자매님께 감사를 드린다. 쉽지 않았던 유학 시절, 그래도 하루하루 삶의 기쁨과 행복을 맛보게 해준 두 딸 예림과 예솔의 이름으로 이 책을 세상에 내놓는다.

차 례

V. 나가는 아니리

I. 들어가는 아니리

1. '정직한 절망'에 대한 시론^{時論}

아우슈비츠를 다녀온
이후에도 나는 밥을 먹었다
깡마른 육체의 무더기를 떠올리면서도
횟집을 서성이며
생선의 살을 파먹었고
서로를 갉아먹는 쇠와 쇠 사이의
녹 같은 연애를 했다
역사와 정치와 사랑과 관계없이
이 지상엔 사람이 없다
하늘엔 해도 달도 없다
모든 신앙은 장난이다

최명란의 『쓰러지는 법을 배운다』라는 시집에 기록된 '아우슈비츠 이후'라는 제목의 시다. 이 시에 대해 정호승 씨는 2005년 9월 22일 자 중앙일보 16면의 '시가 있는 아침'에서 이렇게 평한다.

"2차대전 이후 세계문학은 '아우슈비츠 이후 서정
시는 불가능하다. 아우슈비츠 이후 시를 쓰는 것
은 야만적이다'라는 말에 무릎을 꿇고 고개를 숙
였다. 그만큼 아우슈비츠는 인간의 인간성 말살
에서 만들어진 처참한 지옥이다. 그 지옥을 다녀
온 시인은 평범한 일상의 밥조차 먹을 수가 없고
녹 같은 연애조차 할 수가 없다. 인간이라는 사실
이 무의미해지고 우주는 온통 캄캄하다. 어떻게
해와 달이 뜰 수 있으며, 어떻게 신이 존재한다
할 수 있겠는가. 이 시의 바탕에 흐르는 것은 거
대한 냉소적 분노다. 역사는 한 개인이 책임질 수
없기에 허망하다. 아직 아우슈비츠가 끝나지 않
은 시대를 그래도 살아갈 수밖에 없기에 더욱 허
망하다."

사람이 없는 지구, 빛을 잃은 하늘, 그래서 모든 신앙을
장난으로밖에 볼 수 없는 시인의 충격을 정호승은 철학자
아도르노[Th.W.Adorno]의 말을 인용하여 "냉소적인 분노"와 "허
망"이라는 단어로 풀어냈다.

'냉소적인 분노', 낯선 표현이 아니다. 언제부터인가 개신교가 한국이라는 땅에서 냉소적인 분노의 대상이 되고 있기 때문이다. 성장의 정체는 말할 것도 없고 개신교 신자가 감소한다는 통계적인 결과보다 더 무서운 것은 교회를 향해 던져지는 냉소적인 분노이다. 이 분노는 기독교를 공개적으로 비판하는 움직임으로 확산하였으며, 심지어는 교회를 '혐오 시설'로 간주하기까지 이르렀다.

코로나 19의 확산과 함께 개신교에 대한 냉소적인 분노가 노골적인 분노로 바뀐 요즈음, 또 한 가지 문제점은 정호승이 '허망'이라는 말로 표현한 무력감이다. 역사는 한 개인이 책임질 수 없듯이 지금 교회도 한 개인이 책임지기에는 너무 조직화하고 거대해졌다. 동시에 부조리와 불의가 판을 치고 있는 "아직 아우슈비츠가 끝나지 않은 시대"를 때론 눈치 보며, 때론 침묵하며 살아갈 수밖에 없는 것이 현실이다. 이런저런 자성의 소리가 가려운 곳을 긁어는 주지만 주님의 포도원을 망치는 '야생의 멧돼지'로 파문당한 제2의 루터는 나오지 않고 있다. 이러한 현실에 직면하여 여기저기서 한국교회에 '희망'이 있는지 한숨 섞인 목소리들이 들리곤 한다.

그런데 우리는 여기서 물어야 한다. 한국교회에 희망이 있는지 물을 때 그 '희망'은 어떤 희망을 말하는지 말이다. 한국교회 자체가 가지는 희망을 말하는가? 세상이 교회를 향해 가지는 희망을 말하는가? 하나님이 교회를 향해 가지는 희망을 말하는가? 거두절미하고 루터의 말로 대답하면, 이 희망은 교회를 향한 하나님의 희망을 말한다. 후에 일명 '종교 개혁적 발견'이라 불리는 '하나님의 의'$^{iustitia\ Dei}$라는 말과 같은 맥락에서 해석할 수 있는 이 하나님의 희망은 철저히 하나님의 약속에 그 기반을 두고 있다. 그래서 루터는 다음과 같이 말한다.

> "약속 안에서, 약속의 말씀을 통하여 하나님은
> 나에게 희망을 주셨다. 그러나 아직 실현되지는
> 않았다. 이러한 희망이 나를 위로했다. 왜냐하면
> 그것은 확실하며 하나님은 약속함에 있어서 신
> 실하시기 때문이다."^{WA4,287}

하나님의 희망은 그 자체로 존재하는 것이 아니라, "약속 안에서, 약속의 말씀을 통하여" 우리에게 주어지는 희망이다. 그래서 희망이 나오는 근원이요, 희망이 지향하는 궁극자이신 하나님을 믿는 신자란 희망을 품고 살아가는 자라고 할 수 있다.[WA4,259] '희망하는 인간'[homo sperans]으로서의 신자는 그래서 절망의 구렁텅이 속에서 좌절하여 주저앉지 않는다. 사망의 음침한 골짜기에서조차도 하나님의 위로를 희망하며 보름스 제국의회에서의 루터처럼 "나는 어떤 것도 철회할 수 없으며, 철회하지도 않을 것이다"라고 선언한다.

나는 이 책에서 하나님이 주신 선물인 바로 이 희망을 노래하고자 한다. 위기라는 어둠의 그림자에 눌려 질식할 것 같은 한국교회를 향해 희망의 촛불을 켜고자 한다. "상한 갈대를 꺾지 아니하며 꺼져가는 심지를 끄지 아니하는" 그분 때문에 아직도 남아 있는 희망의 불씨를 지피고자 한다.

그런데 한국교회의 현실을 직시할 때, '희망'이라는 말을 아무렇게나 사용해서는 안 된다. 한국교회의 언어사용에서 '하나님의 희망'은 '하나님의 은혜'나, '하나님의 뜻'이라는 말과 같이 너무도 값싸게 남발되는 싸구려 상품으로 전락하였기 때문이다. 우리는 자신의 소원이나 욕망을 하나

님의 희망이라고 둘러대고 밀어붙이는 교회 문화에 익숙
해 있다. 그 때문에 희망이라는 말을 값지게 사용하기 위
해 먼저 '희망의 위기', '희망의 절망'에 대해 이야기해야 한
다. 마치 부활에 관해 이야기하기 위해 고난과 죽음에 관
해 이야기해야 하는 것처럼 말이다. 이런 절망과 희망의 역
설적인 관계를 박노해의 시어 '정직한 절망'이 잘 보여준다.
그는 '거짓 희망'이라는 시에서 이렇게 절규한다.

     난무하는 희망의 말들이
     게릴라 폭우처럼 쏟아질 때
     거품 어린 욕망의 말들이
     꾸역꾸역 목 끝까지 차오를 때
     나는 차라리 희망을 구토하리

     더는 희망을 말하지 마라
     이 땅에 희망은 어디에도 없다
     이제 희망을 찾지도 마라
     <중략>
     지상의 꽃들이 일제히 떨어져 내린다

가슴마다 수직으로 내려앉는 진실처럼
오염된 꿈도 제작된 희망도 무너져내린다

희망은
헛된 희망을 버리는 것
희망은
거짓 희망에 맞서는 것
정직한 절망이 희망의 시작이다
눈물 어린 저항이 희망의 시작이다

헛된 희망과 거짓 희망이 너무도 값싸게, 그러나 너무도
불티나게 팔려나가는 교회에서 정말 필요한 복음은 '정직
한 절망'이다. 이것은 희망이 없는 캄캄한 심연이 아니라,
희망의 씨앗이 발아하는 생명의 어둠이다. 헛된 희망과 거
짓 희망에 대해 저항의 물길을 열고, 비로소 희망의 물꼬
를 트는 정직한 눈물이다. 희망의 시작을 보는 박노해에게
정호승은 '나는 희망을 거절한다'는 시로 화답하는 듯하다.

나는 희망이 없는 희망을 거절한다

희망에는 희망이 없다

희망은 기쁨보다 분노에 가깝다

나는 절망을 통하여 희망을 가졌을 뿐

희망을 통하여 희망을 가져본 적이 없다

나는 절망이 없는 희망을 거절한다

희망은 절망이 있기 때문에 희망이다

희망만 있는 희망은 희망이 없다

희망은 희망의 손을 먼저 잡는 것보다

절망의 손을 먼저 잡는 것이 중요하다

희망에는 절망이 있다

나는 희망의 절망을 먼저 원한다.

희망의 절망이 절망이 될 때보다

희망의 절망이 희망이 될 때

당신을 사랑한다.

절망을 죄악시하고 장밋빛 희망만을 남발하는 교회 문화는 희망이 없다. 희망이라는 모양은 있지만, 희망의 능력이 없기 때문이다. 희망의 능력은 절망 속에서 움트고, 절망을 관통하며 꽃봉오리를 맺고, 절망 너머에서 꽃을 피

운다. 지금은 절망이 없는 희망을 파는 거짓 복음을 거절
하고, 정직한 절망의 눈물을 흘리며 그 눈물로 희망의 수
로를 놓아야 할 때다. 사도 바울을 인용하며 루터가 말한
"희망에 대항하면서 희망을 믿는"^{contra spem in spem credere} 그리
스도인의 삶을 살 때다.^{WA5,84}

　'희망에 대항하여 희망을 신뢰하는 자'란 어떤 자를 말
할까? 첫 번째 '희망'과 두 번째 '희망'은 같은 단어이지만
다른 의미 층을 가지고 있다. 전자는 사람들이 이루어지기
를 기대하는 것과 관련이 있다. 때문에 '희망하는 희망'이
라 할 수 있다. 후자는 '희망의 절망'에서 나온 희망이라
할 수 있다. 이런 두 희망에 대해 루터는 로마서 4장 18절
강해에서 다음과 같이 이야기한다.

　　"'희망'이란 첫 번째로 무엇인가를 자연적인 방법
　　으로 기대하는 것이다. 당시 (아브라함에게) 이런
　　희망은 없었다. 두 번째로는, 무엇인가를 초자연
　　적인 방법으로 기대하는 것이다. 두 경우 다 '희
　　망'은 사람들이 기대하는 무엇과 관련된 것으로
　　이해되지, 어떤 능력으로 이해되지 않는다. … 바

로 여기에 세상 사람들의 희망과 그리스도인의
희망 사이의 차이점이 잘 드러난다. 사람들의 희
망은 희망에 대항^{contra spem}하지 않는다. 희망에 순
응^{secundum spem}할 뿐이다. 즉, 이루어지는 것이 가
능한 희망만 바란다. … 이와 반대로 그리스도인
들의 희망은 부정적인 것과 관련해서도 의심하
지 않는다. 왜냐하면 희망하는 것이 반드시 오
고, 방해받을 수 없다는 것을 알기 때문이다. 누
구도 하나님을 방해할 수 없기 때문이다."^{WA56,295}

우리는 우리가 바라는 것이 자연적인 방법이든, 초자연
적인 방법이든 이루어지기를 갈망하는 신앙의 삶을 사는
경향이 있다. 기도의 '응답'이라는 법칙을 붙잡으면서 말이
다. 그러나 루터는 이러한 '희망에 대항하지 않는 희망'^{spes}
^{contra spem}은 그리스도인의 희망이 아니라고 역설한다. 그것
은 '제작된 희망'에 순종하는 '거짓 희망'^{spes secundum spem}에
불과할 뿐이다. 그렇게 되기를 바라는 과정에서 '만들어진
희망'이요, '투사된 희망'이라 할 수 있다. 그리스도인의 희
망은 모든 '만들어진 희망'이 끝장나 버리는 곳에서 시작

한다. 그 어떤 하나님의 도움조차도 바랄 수 없는 '절망의 심연'에서 루터가 내뱉은 '정직한 절망', 바로 이러한 절망에서 그리스도의 희망은 고개를 들기 시작한다. 곧, 하나님을 증오한다는 지극히 불경건한 '희망의 절망'에서 싹을 내기 시작한다.

2020년 10월 31일, 올해의 종교개혁기념일에는 루터와 함께 '교회에 대한 절망'을 말하고 싶다. '기독교에 대한 절망'을 말하고 싶다. 그리고 '희망하는 희망'으로만 가득 찬, 그래서 맛을 잃은 '신앙' 대신에 '정직한 절망'이라는 용어를 붙잡고 싶다. 겟세마네에서 땀방울이 핏방울이 되도록 고뇌하셨던 주님께서 감내해야 했던 '정직한 절망' 말이다. '정직한 절망'이 있었기에 역설적이게도 그분은 그 자리에 주저앉지 않고 일어설 수 있었다. 이 '정직한 절망'을 외면하지 않고 진솔하게 마주 대하였기에 십자가라는 고난의 잔을 마실 수 있었다. 십자가는 하나님을 향한 그분의 '정직한 절망'이 마지막으로 쏟아진 곳이다. 바로 그래서 십자가는 새로운 희망의 다리가 되었다.

이것을 간파한 루터는 시편 강해에서 바울을 인용하며 "희망에 대항하면서 희망을 신뢰하는"contra spem in spem credere

믿음을 '정직한 절망'이 지향하는 십자가로 설명한다. 십자
가야말로 희망의 절망이 죽고, 절망의 희망이 새롭게 발아
하는 '그 길'이다. '정직한 절망'에 대한 용기, 어쩌면 이것이
신앙의 다른 말이 아닐까?

2. 윤동주, 본회퍼, 루터가 나에게 남긴 유산

나에게 깊은 영향을 준 윤동주와 본회퍼와 루터를 묶을
수 있는 한 단어가 있다. 그것은 '저항'이다. 너무 어둡고,
무거운 느낌을 주는 이 말은 요즈음 그렇게 즐겨 사용하는
용어가 아니다. 아니, 되도록 피하려는 말이다. 그만큼 부
담을 느끼는 용어로 자리매김을 하였다. 그럼에도 이 말을
사용하는 것에는 남다른 이유가 있다.

세 사람이 남긴 언어들을 촘촘히 들여다보면, 이들의
'저항'은 깊은 내면의 바다와 실존에 대한 진지한 성찰이
공명하여 터져 나온 울음이다. 한낱 책상 앞에서 생각해낸
사변의 결과물이 아니라, 삶의 무게를 고스란히 담고 있는
삶의 언어이다.

윤동주의 시는 나에게 '저항의 서정성'을 몸에 익히게 해주었다. 그의 시어와 시상에는 투박한 저항 정신이 묻어 있지 않다. 투쟁적인 저항 의식은 더더욱 없다. 그러나 교회를 다니기 시작한 이후 그의 시에 담겨 있는 종교적 저항의 색채를 읽을 수 있었다.

'죽는 날까지 하늘을 우러러 한점 부끄럼이 없기를 잎새에 이는 바람에도 괴로워했던' 그는 참회록을 쓰기 위해 '파란 녹이 낀 구리 거울'을 바라보는 '슬픈 사람'이 된다. 내적 성찰이 충분히 되었기 때문일까? 그는 '교회당 꼭대기'에 걸려 있는 십자가를 보고 괴로워하는 사나이가 되어 '십자가가 허락된다면 모가지를 드리우고 꽃처럼 피어나는 피를 어두워 가는 하늘밑에 조용히 흘리겠습니다'라고 고백한다. 시대적 양심을 괴로워하는 것일까? 그는 쉽게 씌어지는 시를 부끄러워하며 '등불을 밝혀 어둠을 조금 내몰고 시대처럼 올 아침을 기다리는 최후의 나'를 바라본다.

나는 자신을 바라보는 내적 성찰을 매우 중요한 저항의 출발점으로 본다. 이것은 자기 내면으로의 유약한 도피가 아니라, '풀포기처럼 피어'나기 위한 첫 번째 징검다리이다. 윤동주는 자기 자신과 솔직하게 싸운다. 자기 자신에 대한 진솔한 저항, 이것이 내가 윤동주에게서 배운 '자아 성찰적 저항'이요, '저항의 서정성'이다.

본회퍼의 저항적 삶에 대해서는 의문의 여지가 없다. 그래서 그와 관련해 겪은 에피소드를 한 가지 소개하며 그의 저항의 성격에 대해 살펴보고자 한다.

1997년 유학 당시, 하노버에 있는 독일 개신교 연합회 Evangelische Kirche in Deutschland 사무실에서 전화가 왔다. 북한의 교회지도자들이 한 달 가량 독일을 방문하는데, 통역을 해 달라는 전화였다. 드레스덴Dresden에서 만난 우리는 구 동독 지역을 돌며 여러 모임을 가졌다. 이들을 동행하면서 감지하게 된 방문목적은 크게 두 가지였다. 하나는, 통독 뒤 동독 시민들의 동태를 살피는 것이었다. 또 하나는, 식량조달을 위한 것이었다. 이 두 가지 목적을 이루기 위해 독일 및 스웨덴의 담당자들과 열심히 만났다.

그런데 특이한 것이 하나 있었다. 어떤 모임이든 말하는 자는 오직 한 사람이라는 것이다. 그 사람의 말 중에 단골 메뉴로 나오는 것이 있었는데, 그것은 남한의 시스템과 대통령을 비판하는 것이었다. 한 번은 어떤 교회를 방문하여 그 교회의 목사 및 평신도들과 대화를 하는 시간이 있었다. 물론 이 대화의 주목적은 통일 이후에 동독이 어떻게 달라졌으며, 그런 변화에 대해 동독 사람들이 어떻게 생각하는지를 파악하기 위해서였다. 이 자리에서도 남한을 비판하던 그 사람은 느닷없이 본회퍼 이야기를 하였다. 미친 사람이 차를 운전을 하고 있을 때 그 사람을 끌어내려야 한다고 본회가 말했다며, 마찬가지로 남한의 대통령도 끌어내려야 한다고 하였다. 그러자 곧바로 독일 사람들이 뜬금없다는 표정을 지으며 비판적인 질문을 쏟아 부었다. 맥락이 너무 맞지 않다며, 인용한 본회퍼의 말이 어디에 나오는지, 그리고 그 책을 직접 읽어보았는지 물었다. 어딘가에서 들었다고 하자, 비웃음이 섞인 폭소가 터지며 직접 읽어보고 말하라는 비아냥거리는 말투가 이어졌다. 차마 통역을 다 해줄 수 없을 정도였다. 심지어는, 본회퍼의 말에 나오는 미친 사람은 남한이 아니라, 북한의 독재자가 아니냐는 민감한 지적도 있었다. 이 말은 통역을 안 하고 우물 쩡 넘어가야 했다.

이와 유사한 예를 우리는 광화문 집회에서도 볼 수 있다. 본회퍼의 말로 표현하면, '지적으로 불성실한 자들'에 의해 그의 말이 부끄러움을 당하고 있는 현장 말이다. '디

트리히 본회퍼'Dietrich Bonhoeffer를 '본 훼퍼'Bon Hoeffer라 말하는
것으로 보아 그들은 저항의 삶을 살았던 본회퍼를 모르는
것 같다. 그저 값싼 귀동냥을 통해 어찌어찌 들었을 뿐.

이런 예들은 깊이 있는 앎이 없는 문자의 되뇜이, 그것
도 수고하고 땀을 흘리며 얻은 결실이 아니라, 값싼 귀동냥
을 통해 주위들은 것을 흉내만 내는 것이 얼마나 비웃음
을 자아낼 수 있는지 똑똑히 보여준다. 북한의 교회지도자
도, 광화문의 전광훈도 번지수를 잘못 찾았다. 본회퍼는 생
각하는 것을 삶으로 살았던 자다. 그의 삶의 자리를 알지
않고 그냥 그의 문자만 읊조리는 것은 그 문자의 무게를
무시하는 것이다.

우리가 잘 알고 있듯이, 본회퍼가 한 말은 그의 베를린-
테겔 감옥의 동료 수감자였던 이탈리아 과학자 가이따노
라뜨미랄G.Latmiral에게서 유래한다. 라뜨미랄은 궁금했다. 어
떻게 그리스도인이요, 목사인 자가 독재자의 생명을 노리
는 음모에 참여할 수 있는지 말이다. 이 질문에 대해 본회
퍼는 답한다.

"만일 어떤 미친 사람이 (베를린의 번화가인) 쿠

어퓌르스텐담^{Kurfürstendamm}에서 자동차를 인도로
몬다면, 그렇다면 나는 목사로서 그 차에 희생된
사람들의 장례나 치러주고, 유족들을 위로나 해
줄 수는 없습니다. 나는 자동차에 뛰어올라 그
미친 운전사에게서 핸들을 빼앗아야 합니다. 내
가 바로 그 자리에 있다면 말입니다."^{Schmitz,392}

나는 이러한 본회퍼의 입장 때문에 그의 저항을 '현실
참여적 저항'이라 부른다. 이런 현실 참여적 저항의 삶은
한 순간에 불쑥 나오는 것이 아니다. 삶에 깊이 배어 있을
때에야 자연스럽게 나오는 저항이다. 윤동주의 저항과는
결을 달리 하는 그의 저항은 나에게도 현실 참여적 저항의
길을 걸으라고 수없이 말을 건넸고, 지금도 건네고 있다. 그
럼에도 나는 여전히 머뭇거린다. 혹 나도 본회퍼가 말한 종
교적인 감언이설이나, 공갈협박에 세뇌된 "광신도적인 최후
의 기사들"이나, 스스로 생각하는 것을 포기하고 그저 들
려지는 대로만 믿고 읊조리는 "지적으로 불성실한 사람들"
로 이미 전락한 것은 아닐까? 해서 나를 다시금 다잡는다.
논문을 쓰던 시절, 내가 읽어야 했던 책들 중에는 희귀
본들이 많이 있었다. 전 세계에서 한 두 권 정도 있을까 하

는 고서들을 발굴해 읽어야 했기에 독일에 있는 고서 도
서관들을 찾아가는 일이 많았다. 몇 백 년 동안 아무도 넘
기지 않아 온통 먼지로 뒤덮인 책들을 이리저리 뒤져 원하
는 것을 찾아낼 때, 온 몸을 휘감던 희열을 아직도 내 몸은
기억하고 있다. 당시 내가 자주 갔던 고古 도서관 중 하나
는 라이프니츠Leibniz와 레싱Lessing이 도서관장으로 있었던 볼
펜뷔텔Wohlfenbüttel에 있는 '헤르촉 아우구스트 도서관'Herzog
August Bibliothek이다. 세계 각지에서 온 학자들을 만나고 학문

그림 1: 헤르촉 아우구스트 도서관의 웅장한 바로크풍 서고

적인 대화를 나눌 수 있는 유명한 도서관이다.

　다른 하나는, 할레[Halle]에 있는 '프랑케쌘 슈티프퉁엔 도서관'[Bibliothek der Franckeschen Stiftungen]이다. 정말 입이 딱 벌어지는 바로크풍의 고 도서관이다. 이곳에 갈 때 마다 꼭 들르던 곳이 있었다. 바로 루터의 유적지다. 할레라는 도시가 그의 흔적이 묻어 있는 유적지들과 한 시간여 거리에 있는 중간 지역이기 때문이었다. 그렇게 나는 자신의 내적 실존에 대

그림 2: 프랑케쌘 슈티프퉁엔의 바로크풍 서고

해 몸부림치던 에어푸르트 수도원의 젊은 수도승의 처절한 절규를 듣기도 하였다. 비텐베르크 수도원 안에 있던 그의 서재에 들어가 '하나님의 의'에 대해 고민하던 그의 학적인 진지함을 보기도 하였다. 엘스터^{Elster}로 향하는 성문 밖에서 자신을 파문하는 교황의 교서를 불태우던 루터의 결기를 관찰하기도 하였다. 바르트부르크 성에서 성경 번역을 통해 중세 교회를 향해 던진 그의 선전포고를 더듬어보기도 하였다.

들르는 곳마다 공통적으로 느낄 수 있었던 것은 그의 저항의 숨결이었다. 내적 성찰을 통해 자기 자신에게 저항하는 삶을 살았기에 그는 '회개하라'는 말을 할 수 있었다. 성경을 촘촘히 읽고, 문맥에 맞게 주석하는 학문적인 진지함을 통해 그는 중세의 신학에 저항할 수 있는 신학적인 근육을 키웠다. 그의 성경에 대한 경건은 또한 교회 제도와도 맞설 수 있는 저항의 자양분을 제공하였다. 이렇듯 루터에게서의 저항은 자기 성찰적이고, 성서적이고, 신학 및 학문적인 차원을 갖는다. 이런 루터를 통해 나는 학자로서의 실존적인 회심을 하게 되었다.

나는 윤동주, 본회퍼, 루터를 거치며 이들이 각기 가지

고 있는 저항적 성격에 영향을 받지 않을 수 없었다. 그러
나 그렇게 형성된 윤동주본회퍼루터강치원은 '저항'이라는
말을 결기에 찬 무거운 의미로 사용하지 않는다. 오히려 밝
고, 유쾌한 의미로 사용한다.

II. 저항과 복종

- '사이'의 존재가 가야할 길

1. 존재의 변화

아브라함, 사라, 야곱, 바울과 같은 사람들에게 나타나는 공통점이 있다. 이름이 바뀐 것이다. 고대사회에서 이름의 변화란 존재의 변화라 부를 수 있을 정도로 큰 사건이었다. 이런 변화를 우리는 루터에게서도 발견한다.

루터의 성은 원래 '루더'^{Luder}다. 그런데 1517년 10월 31일 자로 알브레히트 폰 마인츠^{Albrecht von Mainz}에게 95개 논제를 첨부한 편지를 보낼 때, 그때까지 사용하던 가족의 성인 '루더'가 아니라, '루터'^{Luther}라는 이름으로 서명을 한다.^{WABr.1,112} 성이 바뀐 것이다.

루터 연구자 중에는 성이 왜 바뀌었는지에 대한 논의가 있다. 많은 연구자가 주장하는 것처럼, '루터'라는 이름이 처음 등장하는 것은 1517년 10월 31일 자 편지가 아니다. 루터가 직접 서명한 자료로만 판단할 때, 10월 31일 이전에 이미 세 번이나 '루터'란 이름의 서명이 나온다. 그런데도 성이 바뀐 시점으로 10월 31일에 관심을 가지는 것은 그 이후로 '루터'라는 성이 대세로 자리를 잡기 때문이다.

특히, 마인츠의 대주교를 비롯해 자신의 논쟁자로 등장

하는 에크[J.Eck]나, 교황을 향하는 편지에서는 항상 '루터'라는 이름만 나온다. 이와 달리, 루터와 적대적인 위치에 있는 자들은 그의 옛 성을 그대로 사용하는 모습을 보여준다. 예를 들어, 에크는 1520년에 출판된 루터의 '독일 민족의 그리스도인 귀족에게 고함'에 반대하는 글을 쓰는데, 제목에 루터를 '루더'로 사용한다.

성의 변화와 관련해 또 한 가지 특이한 것은 '자유자'를 뜻하는 헬라어 성인 '엘뤼테리우스'[Eleutherius]도 자주 등장한다는 것이다. 11월 초에 프리드리히 선제후의 궁정 신부요

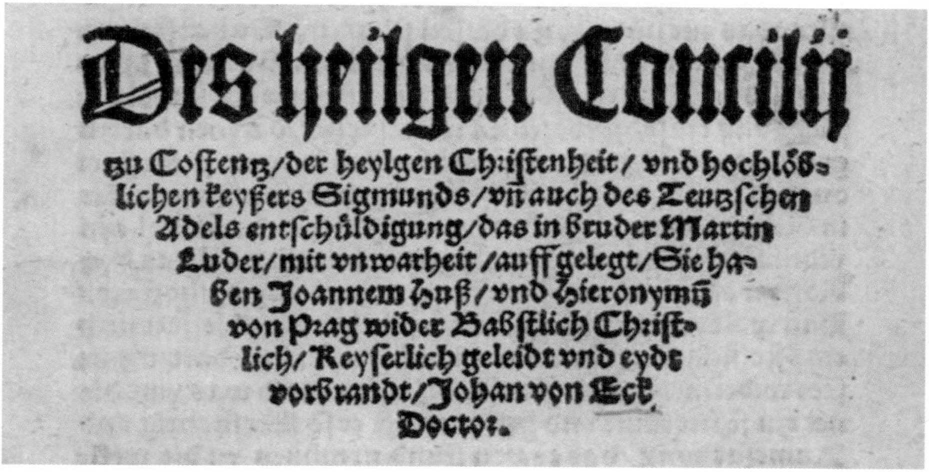
Des heilgen Concilij
zu Costentz/der heylgen Christenheit/ vnd hochlöb-
lichen keysers Sigmunds/vñ auch des Teutzschen
Adels entschüldigung/das in bruder Martin
Luder/mit vnwarheit /auff gelegt/Sie ha-
ben Joannem huß/vnd hieronymũ
von Prag wider Babstlich Christ-
lich/Keyserlich geleidt vnd eydt
vorbrandt/Johan von Eck
Doctor.

그림 3: 1520년에 라이프치히에서 인쇄된 에크의 '콘스탄츠 공의회와 거룩한 교회와 황제 지그문트와 독일 귀족들의 변명' 초판 원본이다. 루터의 이름이 '루더'[Luder]로 나온다.

비서로서 선제후와 루터의 연결고리 역할을 하던 슈팔라
틴^{G.Spalatin}에게 보내는 편지와 11월 11일 자로 에어푸르트 수

그림 4: 1515년의 게오르그 슈팔라틴으로 크라나흐 1세가 그린 목판화. 1518년 이후 멜랑
히톤이 루터의 신학적이고 학문적인 동반자 역할을 하였다면, 슈팔라틴은 루터의 종교 개
혁적 사상이 선제후의 지지를 받을 수 있도록 교회 정치적인 역할을 감당하였다. 일반적
으로 비텐베르크의 종교개혁은 루터에게서 시작하였다고 간주한다. 그러나 루터 혼자로
는 역부족이었다. 멜랑히톤과 슈팔라틴의 창조적인 협조가 있었기에 좀 더 효과적으로 추
진될 수 있었다. 루터가 1521년에 보름스^{Worms}에서 비텐베르크로 돌아갈 때, 중간에 납치
하여 바르트부르크^{Wartburg} 성에 숨어 살 수 있도록 모든 것을 계획한 것도 슈팔라틴이다.

도원 동료인 요하네스 랑^{J.Lang}에게 보낸 편지 이후 1519년
초까지 두 사람에게 보내는 편지에 나온다.

헬라어 교수인 멜랑히
톤에게 보내는 1518년 11
월 22일 자 서신에서는
아예 헬라어 이름^{Ἐλευθέριος}
으로만 나오기도 한다. 이
헬라어 성은 그리스도 및
그의 진리와 하나 됨을
통해 지금까지 자신을 누
르던 중세의 스콜라 전통
에서 벗어나 자유를 누리
게 되었다는 의미에서 사
용된다.

그림 5: 알브레히트 뒤러^{A.Duerer}가 1526년에
그린 멜랑히톤 초상

많은 루터 연구가들이 주장하는 바와 같이, 루터로의 성
의 변화에는 자신의 변화된 정체성을 표현하려는 의도가
담겨 있다. 표준 독일어를 사용하는 상류계급에 속하려는
의도 때문이라는 말도 있지만, 전통과 결별하고 자신의 길
을 가려고 하는 신학적 결단이 깊이 배어 있음을 부인할
수는 없다. 이로써 두려움 때문에 얍복강을 건너지 못하던

야곱이 용감하게 강을 건너는 이스라엘로 변화된 것과 같
은 사건이 비텐베르크의 한 연구실에서도 일어난 것이다.

이제 루터는 루터로 존재한다. 루터라는 이름으로 연구
실을 나온 그는 교황의 이름으로 이루어지는 심문에 기꺼
이 응한다. 아욱스부르크^Augsburg 제국의회에서 있었던 토마
스 카예탄^Th.Cajetan의 심문과 라이프치히^Leipzig에서 있었던 요

그림 6: 아욱스부르크의 야콥 푸거^J.Fugger 저택에서 추기경 카예탄의 심문을 받는 루터.
1518년 10월 12-14일까지 3일간 진행된 심문에서 카예탄은 루터에게 95개 논제와 면죄부 판매에
대한 비판을 철회하라고 명령하였으나 루터는 단호하게 거절한다. 오히려 성서 구절들을 인용하
며 자신의 주장이 성서와 교부들의 가르침에 어긋나지 않음을 신학적으로 역설한다.
루터의 친구들은 루터가 체포될 것이라 믿었을 정도로 상황이 좋지 않았다. 결국 루터는 10월 21
일 한밤중에 도시를 도망쳐 빠져나왔다.

하네스 에크와의 논쟁을 거쳐 보름스^{Worms}에서 열린 제국
법정에도 서게 된다. 교황뿐만 아니라 신성로마제국의 황제

그림 7: 1519년 6월 27일부터 7월 15일까지 라이프치히의 플라이센 성^{Pleißenburg}에서 교황 측의
대표자인 잉골슈타트^{Ingolstadt}의 신학교수인 요하네스 에크와 비텐베르크의 신학자들이 공개
토론을 하는 장면으로 1557년의 채색 목판화.

에크는 교황의 수위권^{首位權}을 옹호하며 그리스도가 천상에 있는 '승리한 교회'^{ecclesia triumphans}의
머리라면, 교황은 지상에 있는 '분투하는 교회'^{ecclesia militans}의 머리라고 주장한다. 반면에 루터
는 제1차 니케아 공의회의 결정에 근거해 로마의 감독이 알렉산드리아 등 다른 도시의 감독
들과 동등한 위치에 있다고 반박한다. 에크가 1415년에 열린 콘스탄츠 공의회에서 교황의 수
위권을 반대했던 위클리프와 후스가 이단으로 정죄되었다며 루터의 이단성에 문제를 제기
하자 루터는 이단으로 정죄를 받은 후스의 주장이 더 성서적이라고 맞받아친다. 공의회의 결
정에 오류가 있을 수 없다는 에크의 주장에 대해서도 루터는 공의회는 '말씀의 피조물'^{creatura}
^{verbi}로서 성서의 권위 아래에 있어야 하며, 공의회의 결정도 오류를 범할 수 있다고 반박한다.
교황의 수위권에 대한 반대와 공의회의 오류 가능성에 대한 주장으로 루터에게는 이단의 시
비가 제기될 수 있는 길이 열린다.

인 칼 5세와도 각을 세우는 개혁의 담지자가 된다.

그런데 문제가 등장한다. 바르트부르크에 숨어 지내던 루터가 1521년 12월에 몰래 비텐베르크를 방문한다. 그때 그는 두 눈으로 자신의 주장을 관철하려는 이들에 의해 일어나는 소요를 목격한다. 무엇보다 이 소요의 중심에 그의 이름이 있는 것을 보고는 가슴을 쓸어내린다. 자신을 그리스도의 위치에 세우고 '루터를 위해서라면'이라는 구호를 외치는 것에 당혹해한다. '교황을 위해서'라는 분위기에 '그리스도를 위해서'라는 운동을 일으킨 그에게 이것은 이제 막 걸음마를 뗀 건강한 교회개혁을 뿌리째 흔드는 것이었다. 그래서 바르트부르크로 돌아온 그는 '모든 그리스도인에게 소요와 폭동을 경계하라는 엄중한 경고'를 쓴다. 그리고 다음과 같이 호소한다.

> "나는 사람들이 내 이름에 대해 침묵하고, 자신들을 루터따르미lutherisch가 아니라, 그리스도따르미Christen라 부르기를 청합니다. 루터가 무엇입니까?Was ist Luther? 성경의 가르침은 실로 나의 것이 아니지 않습니까? 나는 그 누구를 위해서도 십자가

에 못 박히지 않았습니다. 바울은 신자들이 바울
파나 베드로파가 아니라, 그리스도인이라 부르기
를 바랐습니다. 나는 악취를 풍기는 가련한 구더
기 주머니입니다. 그런데 어떻게 사람들이 그리스
도의 자녀들을 나의 불경한 이름을 가지고 부르
는 지경까지 오게 되었는지요? 이래서는 안 됩니
다, 사랑하는 친구 여러분! 당파적인 이름을 지우
고, 그리스도인이라 부르도록 하십시오. 나는 선
생이 아니며, 선생이고자 하지도 않습니다. 내가
가지고 있는 것은 오직 그리스도의 가르침으로
이분만이 우리의 유일한 선생이십니다."WA7,685

　'루터'라는 정체성을 가진 루터는 자신의 의지와는 상관
없이 자신의 새로운 이름이 우상이 되는 것을 보았다. 루터
는 요한계시록에 나오는 라비아탄과 같은 괴물들로 상징되
는 적대자들을 이긴 '승리자'의 모습으로 그려지기도 한다.
심지어 한스 홀바인H.Holbein 2세는 그를 아리스토텔레스와
함께 중세의 신학자들에게 철퇴를 가하는 '독일의 헤라클
레이토스'Hercules Germanicus로 그리기까지 한다.

그림 8: 울리히 폰 후텐^{Ulich von Hutten}의 'Murnarus Leviathan Vulgo dictus, Geltnar'(1521년)에 나오는 목판화로 마태우스 그니디우스^{M.Gnidius}가 그린 것으로 간주한다.

위의 루터는 요한계시록에 나오는 라비아탄과 같은 괴물들로 상징되는 적대자들을 이긴 '승리자'의 모습으로 그려진다. 반면에, 레비아탄의 모습으로 루터의 발아래 있는 짐승은 전단지를 통해 루터를 가장 신랄하게 비판하는 자 중의 하나가 된 스트라스부르의 토마스 무르너^{Th.Murner}이다.

그림 9: 홀바인이 1522년경에 그린 채색 목판화로 '독일의 헤라클레이토스'로 그려진 루터
가 아리스토텔레스, 토마스 아퀴나스, 옥캄 등 중세의 권위자들에게 철퇴를 가하고 있다.

그런데 가는 곳마다 '루터'를 외치는 사람들의 환호 소리에 마지못해 앉는 것처럼, 그렇게 선생의 자리에 앉고 싶은 마음이 정말 없었을까? 교회의 갱신을 위해 십자가에 못 박히는 것을 마다하지 않는 시대의 영웅이 되어 또 다른 교황으로 등극하고 싶은 마음이 정말 없었을까? 있었을지도 모른다. 그러나 그는 자신을 영예로운 자로 세우는 이런 움직임에 대해 자신은 '악취를 풍기는 가련한 구더기 주머니', 곧 썩어 사라지는 가련한 육체일 뿐이라며 거리를 둔다. '루터'라는 이름은 단지 '불경건한 이름'에 불과할 뿐이라며 루터 우상화에 선을 긋는다.

존재의 변화를 겪은 루터는 자신의 주변 사람들을 '루터 바라기'로 만들려 하지 않는다. 존재의 변화에도 불구하고 그는 하나님 앞에서의 가련한 존재로 자리매김을 한다. 문자적으로만 보면 이러한 자기 정체성은 율법의 종으로 있을 때나, 은혜로 인한 자유인으로 있을 때나 별반 차이가 없다. 그러나 내용상으로는 천국과 지옥만큼이나 차이가 크다. 내가 누구인지를 찾아가는 자들은 이런 질적 차이를 민감하게 포착한다.

야곱에서 이스라엘로의 존재의 변화가 있었기에 얍복강

을 건널 수 있었던 것처럼, 루더에서 루터로의 존재의 변
화가 있었기에 교회를 새롭게 하는 루비콘강을 건널 수 있
었다. 그럼 존재의 변화를 경험한 루터는 어떤 길을 걷게
되는가?

2. 교회와 목회자, 조롱거리로 길거리에 나뒹굴다

1521년, 루터가 제국의회에서 심문을 받기 위해 보름스를
향하고 있을 때, 그가 가던 길 위에서 그는 혼자가 아니었
다. 한편으로는 그를 지지하고, 다른 한 편으로는 너무도 세
속적으로 되어버린 교황과 교회를 조롱하는 문자들이 그
가 가는 길을 수놓았다. 그리고 그 문자들은 새로운 바람을
만나 보름스의 골목골목을 누비는 소리가 되었다. 그 한 예
가 사도신경을 풍자하여 만든 '교황의 제자들인 열두 창녀
들의 신앙고백'Die XII kortisanischen Artikel des Papstes Juenger으로 1521년
에 인쇄된 전단지 '훈계와 가르침'Ain straffred vnd ain vnderricht에 실
려 있다.

합창: 나는 하늘과 땅, 그리고 지옥에서 매고 푸는 자인 교황
　　　을 믿습니다.

유다: 그리고 그의 유일하신 아들 우리 주 시몬을 믿습니다.

가인: 그는 탐욕스러운 교회법으로 잉태되어 로마 교회에서
　　　태어나셨습니다.

가야바: 그의 권세 아래서 진리가 고난과 고통을 받고, 돌아
　　　가시고, 장사 되었습니다.

발람: 그리고 추방을 통해 지옥으로 내려가셨습니다.

콘스탄티노플 총대주교 요셉: 그는 (교황) 바울 2세의 복음을
　　　통해 부활하셨습니다.

함: 황제 칼 5세 앞으로 인도되어, 그의 우편에 앉아계십니다.

엘리: 그는 미래에 영적인 것과 세속적인 것에 대해 심판하실
　　　것입니다.

게하시: 나는 탐욕스러운 교회법을 믿습니다.

합창: 로마 교회를 믿으며, 믿음 및 성도들의 교제를 파괴하
　　　는 것과

에크: 연옥에서 죄와 고통과 허물을 사해주는 면죄부와

에서: 그 지붕 아래에서 일어난 몸의 부활과 쾌락적인 삶을
　　　믿사오니, 이것은 거룩하신 아버지이신 교황이 주실 것
　　　입니다.　아멘.

그림 10: 1521년에 아욱스부르크에서 인쇄된 훈계와 가르침'에 나오는 '교황의 제자들인 열두 창녀들의 신앙고백' 원문. 이 신앙고백이 나온 뒤 유다부터 마지막의 에서까지 등장하여 자신이 누구이며 어떤 일을 하였는지를 비교적 자세히 고백하는 내용이 나온다.

이 전단지는 교황의 제자들이 탐욕에 눈이 멀어 심판에 이르게 되었음을 고발한다. 그리고 이들을 훈계하며 가르치는 자로 한 농부와 기사가 등장한다. 그런데 농부는 칼을 들고 있다. 기사는 갑옷을 입고, 투구를 쓰고, 칼을 차고, 창을 들고, 말을 타고 있다. 교황의 제자들과 전쟁터로 나가는 도상에서 두 사람이 이들의 타락상에 대해 대화를 나누는 내용이 먼저 나오고, 인용한 신앙고백이 나온다. 어쩌면 이러한 장면 설정이 농민전쟁을 예견하고 있는 듯한 느낌을 준다.

루터가 면죄부 판매의 부당함을 알리기 위해 던졌던 조그마한 물맷돌, 그것은 달걀로 바위를 치는 것이었다. 그런데 그 누구도 쉽게 예견하지 못했던 일이 일어났다. 루터의 물맷돌이 사람들 마음속에 숨어 있던, 교황과 교회를 향한 거룩한 분노에 심지를 당긴 것이다. 어쩌면 이 거룩한 분노는 교회를 향해 그래도 희망을 버리지 않을 때 가지는 마음이리라. 그러나 이 희망이 보이지 않을 때, 그때 거룩한 분노는 진저리를 자아내는 실망으로 이어질 것이다. 그리고 이 실망마저 사치품으로 보일 때, 이 실망은 조소로 바뀔 수 있다. '교황의 제자들인 열두 창녀들의 신앙고백'은 돈에 눈이 멀고 권력의 맛에 중독되어 본질을 호도하는 종교 지도자들에 대한 진저리가 얼마나 적나라하게 길거리의 가십거리가 되는지를 잘 보여준다.

목회자들과 교회가 길거리의 가십거리가 된 것은 그때만 일어난 일회적인 사건이 아니다. 오늘 우리도 피하고 싶은 그런 슬픈 현실의 한가운데 있다. 지금 한국교회와 한국교회의 목회자들은 도매금으로 세상의 조롱거리가 되고 있다. 물론 몇몇 특정한 소수의 교회와 목회자들만 그런 비난의 대상이 되고 있다고 항변할 수도 있다. 그러나 역사의 나이테에 남아 있는 흔적들을 현미경으로 들여다보면, 이러한 소수에 의해 하늘에서 땅으로 흐르는 영적인 수로가 막히고, 교회가 썩게 되었다는 성찰과 비판의 목소리들을 수없이 발견하게 된다. 그럴 때마다 함께 듣게 되는 갱신의 목소리는 교회의 날줄과 씨줄을 하나님께서 원하시는 방법대로 다시금 엮으려는 양심 있는 자들의 몸부림이었다. 이 장에서는 이러한 몸부림 중, '교황의 제자들인 열두 창녀들의 신앙고백'이 나뒹굴던 시대에 새로운 물꼬를 트기 위해 많은 사람이 가기를 꺼리는 길을 택했던 루터의 길을 좀 더 자세히 들여다보고자 한다.

루터의 길은, 본회퍼의 말로 표현하면, '저항과 복종' 사이의 긴장이 진하게 새겨져 있는 길이었다. 나치 종교를 거부하고 오직 예수 그리스도를 따르고자 했던 본회퍼는 안전한 도피를 가능하게 하는 길이나, 패잔병들이 택하는 숨겨진 오솔길을 자신의 길로 삼지 않았다. 그가 택한 길은 미래를 향해 믿음과 책임을 지고 걸어야 하는 길이었다. 신앙적 책임, 또는 책임적 신앙의 길을 걷고자 하는 자가 만나게 되는 운명에 대해 그는 다음과 같이 말한다.

"나는 가끔 여기서 운명에 대한 불가피한 저항과
불가피한 복종 사이의 경계가 어디에 있는지 생
각하네. … 우리는 운명에 때로는 굴복해야 하지
만, 때로는 그 운명에 결연히 맞서야 한다고 생각
하네. 우리는 이 이중적인 사실 저편에서야 비로
소 '인도하심'을 말할 수 있지. 하나님은 우리를
당신으로 만나 주실 뿐 아니라, '복면하신 분'으
로도 만나 주시지. … 중요한 것은 '운명'이 '인도
하심'이 되는 것이지. '저항과 복종' 사이의 경계
가 원칙적으로 정해져 있는 것은 아니네. 그러나
이 둘은 존재해야 하며, 결단 속에서 파악되어야
한다네. 신앙은 이처럼 동적인 행동을 요구하고
있지. 그렇게 함으로써만 우리는 우리의 실존적
상황을 극복할 수 있고, 열매 맺도록 만들 수 있
다네."『저항과 복종』,431-32

이런 의미의 '저항과 복종'은 본회퍼의 삶과 신학만 묶
을 수 있는 배타적인 용어가 아니다. 기독교의 역사를 돌
이켜 보면, 나치 종교와 같은 것이 판을 칠 때면 어김없이
저항과 복종의 삶으로 시대정신과 싸웠던 이들이 있다. 이

신도 섬기고, 저 신도 섬기고자 하는 이스라엘 사람들을 향해 자신은 오직 야훼 하나님만 섬기겠다고 선언하는 여호수아나, 야훼 하나님과 바알 사이에서 머뭇거리는 이스라엘 사람들에게 한쪽을 택하라고 외친 고독한 엘리야처럼 말이다.

이런 전통의 흐름 속에 루터도 서 있다. 그는 자신의 실존을 하나님과 사탄 사이에서 살아가야 하는 존재로 직시하고,[WA18,635] 이 '사이'의 존재가 살아가야 하는 삶의 방식으로 저항과 복종의 삶을 살았다. 이것을 꿰뚫어 본 루터 전문가 하이코 오버만[H.A.Oberman]은 자신의 루터 전기에 '하나님과 악마 사이에 있는 인간'이라는 부제를 달았다. 루터가 걸은 저항과 복종 사이의 길은 어떤 길일까? 그는 무엇에 저항하고 무엇에 복종하는 삶을 살았을까?

3. 이 사람들이 침묵하면 돌들이 소리 지르리라!

무명의 신학자 루터는 1517년 10월 31일 자로 마인츠의 대주교에게 서신을 보낸다. 테첼[J.Tetzel]과 같은 면죄부 설교자들이 면죄부의 효력을 호도한다며 이를 시정해주기를 호소한다. 루터와 관련하여 우리 대부분은 이 부분만 아는 경향이 있다. 그러나 루터는 바로 이때부터 비판적 무대로 올라온 것이 아니다. 비텐베르크라는 도시 자체가 이미 그에게는 비판적 성찰을 제공하는 무대였다.

비텐베르크에는 일반 시민들이 예배에 참석하는 슈타트교회Stadtkirche 외에 궁정교회인 슐로쓰교회Schlosskirche가 있었

그림 11: 제단을 바라보는 방향의 슈타트교회 내부. 제단화는 비텐베르크의 화가인 루카스 크라나흐Lucas Cranach 부자父子가 1547년에 완성하였다. 슈타트교회는 루터와 부겐하겐J.Bugenhagen 에 의해 종교 개혁적 사상이 여과 없이 선포되던 곳으로 미사가 최초로 라틴어가 아니라 독일어로 집전된 곳이며, 성만찬도 빵과 포도주를 함께 분배한 최초의 교회다.

다. 이곳에는 선제후 현자 프리드리히^{Friedrich der Weise}의 종교
적인 열정으로 수집된 수많은 성해^{聖骸}들이 있었다. 그리스
도가 달린 십자가의 조각, 마지막 만찬에 사용한 식탁보,
함께 나누어 먹은 빵 조각, 입었던 옷 조각 등의 성해들이
1509년에는 5,005개나 되었으며, 1520년에는 19,013개에
달했다. 이렇게 수집된 성해들은 매년 만성절^{萬聖節}인 11월 1

그림 12: 슐로쓰교회의 제단을 바라보는 내부 사진. 양옆 벽으로 루터, 멜랑히톤,
부겐하겐, 슈팔라틴 등 9명의 종교개혁자 입상^{立像}이 세워져 있다. 제단 위의 스테인
드글라스는 그리스도의 탄생, 십자가 죽음, 부활, 오순절 사건 등을 그린 알브레히
트 뒤러의 목판화에서 영감을 받아 제작된 것이다.

그림 13: 슐로쓰교회에 있는 성해들을 선전하기 위해 소장 목록을 1509년에 책자로 인쇄하였다. 일명 '비텐베르크 성해 목록'Wittenberger Heiltumsbuch이라 불리는 이 홍보 책자는 원래 '비텐베르크 슐로쓰교회의 소중한 성해들의 전시'Die zaigung des hochlobwirdigen heiligthumbs der Stifftkirchen aller hailigen zu Wittenburg라는 제목으로 인쇄되었다. 크라나흐 1세가 그린 119개의 목판화가 기초를 이루는데, 이 목판화는 금이나 은으로 만들어진, 성해들이 담겨 있는 각종 모양의 값비싼 함들을 그리고 있다. 그리고 그 안에 담겨 있는 성해들이 무엇인지 기록하고 있다.

그림 14: 은으로 만들어진 이 십자가 안에는 예수가 제자들과 마지막 만찬을 할 때 사용한 식탁과 식탁 덮개, 그리고 먹다 남은 빵 조각이 들어 있다고 기록하고 있다.

그림 15: 프리드리히 선제후. 1532년에 크라나흐 1세가 그린 채색 목판화

일에 슐로쓰교회에서 전시되었다. 이날, 이 성해들을 보고 돈을 내는 사람들은 본인을 위해서든, 다른 사람을 위해서든 한 성해 당 100일의 연옥 생활을 면제받을 수 있었다. 다 본다면 무려 약 1,900,000년이나 면제받는 것이다. 선제후가 비텐베르크에서는 면죄부 판매 허락을 하지 않았는데, 바로 이런 성해 장사가 타격을 받지 않을까 하는 염려도 한 몫을 하였다.

신학 교수였던 루터는 또한 슈타트교회의 설교자이기도 했다. 설교자로서 그는 고해신부의 역할을 맡기도 하였다. 설교자요, 고해신부로서 그는 비텐베르크 사람들이 면죄부를 사기 위해 이웃 도시들로 달려가는 것을 목도하였다. 면죄부의 달콤한 유혹에 넘어가지 않을 사람들이 얼마나 되겠는가? 문제는 면죄부 구매로 인해 진지하게 고해를 하러 오는 이들이 줄어드는 것이었다. 이것이 루터가 본 면죄부 판매의 문제였다. 그래서 테첼이 "돈을 받고 은총을 판다"

BULLÆ INDULGENT.

Johannes Tetzel von Leipzig.
S.S. Theol. Doctor und Professor, ein Bruder
des Dominicaner-Ordens, Ketzer-Meister, und
Päpstlicher Gnadenprediger, oder Ablas Cramer.

그림 16: 종교개혁 200주년인 1717년에 만들어진 요하네스 테첼의 면죄부 판매
동판화. 맨 아래쪽에 그를 '교황을 위한 은총의 설교자 또는 면죄부 판매자'로
소개하고 있다. 오른손으로 잡은 것은 면죄부를 사기 위해 돈을 넣는 돈궤이며
뒤쪽 벽에 교황의 '면죄부 교서'라는 말과 함께 금액이 적힌 종이쪽지가 붙어 있
다. 얼마짜리를 사느냐에 따라 연옥에 있는 기간이 줄어든다.

고 비판한다.[WA51,538]

그런데 이 비판과 함께 루터가 한 것이 있다. 그것은 프리드리히 선제후가 자신의 슐로쓰교회에서 성해들을 전시하고 돈을 받는 것을 비판한 것이다. 사실 이 수입은 슐로쓰교회와 대학의 재정으로 사용되었다. 그 때문에 대학교수 루터도 직간접적으로 이 재정적인 도움에서 자유롭지 않았을 것이다. 그런데도 그는 다른 곳도 아닌 바로 이 슐로쓰교회에서 은총을 돈으로 팔고 사는 문제점을 날카롭게 비판하는 설교를 한다. 그래서 선제후로부터 "노여움"을 산다.[WA51,539] 베인톤의 말을 빌리면, 이것은 "슐로쓰교회와 대학은 어찌 되든 그 양 떼들에게 영적인 함정을 경고"해야 하는 설교자와 목회상담자로서의 루터의 면모를 보여주는 것이라 할 수 있다.[베인톤,92]

이렇게 자신의 선제후를 앞에 두고도 저항의 깃발을 들었던 루터는 1517년 10월 31일에 신성로마제국의 최고의 영적 권위를 가지고 있던 마인츠 대주교의 심기를 불편하게 만드는 편지를 보낸다. 그런데 왜 하필 10월 31일일까? 이 날짜는 우연이 아니다. 바로 다음 날인 11월 1일이 만성절로서 슐로쓰교회에 전시해 놓은 성해들을 보기 위해 순례를 오는 날이 아닌가? 따라서 10월 31일이라는 날짜는 자신의 선제후가 행하는 성해 전시를 비판하고자 하는 의도도 담겨있을 수 있다. 아마도 이날 마인츠의 대주교에게 보내는 편지에 동봉했던 95개 논제를 슐로쓰교회의 문에 붙였다는 이야기는 바로 이런 정황을 반영한 것이리라.

당시 대학의 공지사항을 전하는 게시판 역할을 하기도 했던 이 문에 붙인 것은 『면죄부 효력에 대한 공개토론 논제들』^{Disputationes de indulgentiarum virtute}이라는 제목으로 별도로 인쇄된 것이다. 이 별도 인쇄본을 통해 그의 주장은 급속히 퍼져나간다. 대학 강의의 한 형태인 '공개토론'^{disputatio}의 형식을 빌어 세상에 던져진 그의 95개 논제는 교회의 문제점을 안타까워하며 개혁을 바라던 신학자들과 평신도 지성인들 사이에서 폭발적인 반향을 불러일으킨다.

그러나 교황을 통해 이어져 내려오는 전통을 중시하는 자들에게는 걸림돌이 된다. 루터가 교황의 권위를 제한한다고 여겼기 때문이다. 그래서일까? 루터를 이단 혐의로 종교재판에 넘겨야 한다는 비판의 목소리가 여기저기서 고개를 든다. 교황은 단순히 대도^{代禱}의 방법으로^{per modum suffragii}만이 아니라, 면제의 방법으로^{per modum dispensationis}도 연옥에까지 영향을 미친다는 신학적인 주장이 이미 전통으로 자리 잡고 있었기 때문이다. 이 주장의 저변에는 소위 성인들의 '잉여공로'를 저장하는 창고가 있고, 이것을 공로가 부족한 이들에게 나누어 줄 수 있는 권한이 교황에게 있다는 생각이 깔려 있다.

자신의 이단 혐의가 얀 후스와 같은 선상에서 거론되던 무렵, 루터는 95개 논제에 대한 보다 깊은 해명이 필요함을 느낀다. 이렇게 하여 1518년에 『면죄부 효력에 대한 공개토론 논제 해설』^{Resolutiones disputationum de indulgentiarum virtute}을 쓴다. 교황 레오 10세에게 보내는 헌정사에서 그는 교회의 개혁과 관련해 이렇게 말한다.

> "교회는 개혁이 필요합니다. 이것은 한 인간 교황의 일도, 많은 추기경의 일도 아닙니다. 그것은 전 세계의 일이요, 유일하신 하나님의 일입니다. 이 개혁의 때는 시간을 창조하신 그분만이 아십니다. 그러나 우리는 명백한 악습을 부인할 수 없습니다. 열쇠는 오용되고 있고, 탐욕과 야욕을 위해 사용되고 있습니다. 소용돌이가 휘몰아치기 시작했고, 그것을 멈추게 할 수 있는 능력이

그림 17: '면죄부 효력에 대한 공개토론 논제 해설'의 원본 표지. 그림 아랫부분에
교회의 악습으로부터 깨끗하고, 교회의 전통으로부터 자유로운 독자를 원한다는
말이 나온다. 루터의 절박한 소망을 읽을 수 있게 해준다.

우리에게는 없습니다."^{WA1,627}

    루터의 시대 분석에 의하면, 교황권의 남용과 이것이 원인이 되어 일어난 피해로 인해 교회 안에는 개혁의 목소리가 분출되기 시작하였다. 그 누구도 이미 터진 개혁의 물꼬를 막을 수 없다.

    그런데 역사의 실상은 그렇게 흘러가지 않았다. 교황을 둘러싼 전통의 지지자들은 물꼬를 막으려고 안간힘을 썼고, 그 과정에서 방해가 되는 자들에게 재갈을 물리는 폭력을 가하였다. 루터는 법정에서 시비를 올바로 가리는 사람을 미워하고 바른말 하는 사람을 싫어하는 이런 때를, 아모스의 말을 빌려, 배운 자가 침묵해야 하는 악한 때로 간주한다.^{WA1,573} 배운 자로서 침묵하는 것, 이것은 배운 자들이 살아남는 방법이다. 입을 열다 처참한 결말에 이른 자들의 예를 익히 알고 있는 배운 자들은 보이는 진리는 외면하고, 말해야 하는 진리에 대해서는 침묵하는 경향이 강하다.

    루터는 어떤 길을 택하는가? 그는 자신을 교황지지자들이 분류하는 대로의 지혜로운 자요 배운 자의 반열에 드

그림 18: '루터의 줄다리기'라는 제목을 가지고 있는 이 그림은 1524년에 보름스에서 인쇄된 전단지의 표지 그림이다. '줄다리기'라는 중세에 널리 퍼져 있던 힘겨루기 놀이로 노끈으로 서로의 머리를 연결한 뒤 상대방의 머리를 자기 쪽으로 당기는 사람이 이긴다. 이 그림에서는 십자가를 붙잡고 있는 루터가 자신의 대적자인 교황과 힘겨루기를 하는데 그가 이기는 것으로 그려진다. 전단지의 내용은 맨 먼저 루터가 그리스도에게 도움을 요청하는 기도가 나오고, 그 다음으로 루터를 종으로 부르는 그리스도의 응답이 나온다. 다음으로는 교황과 그의 추종자들의 대화가 나온다. 루터와 가장 결렬하게 싸우는 엠저, 에크, 무르너, 렘프 등이 교황이 의지하는 자들로 나오는데 그들은 그림에서 짐승의 얼굴을 하고 있다.

는 것을 거부한다. 그렇게 되면 자신도 침묵하는 자의 대열에 서야 하기 때문이다. 진리가 교황의 권위에 의해 왜곡되고, 왜곡된 진리가 배운 자들에 의해 교회의 가르침으로 자리매김하는 뒤집어진 현실에 대해 루터는 침묵할 수 없었다. 그래서 택한 자신의 정체성에 대해 루터는 다음과 같이 암시한다.

> "진리가 완전히 침묵 되기보다는 어리석은 자들에 의해, 어린 자들에 의해, 술에 취한 자들에 의해 말해지는 것이 더 낫습니다. 이것은 배운 자들과 지혜로운 자들에게 용기를 북돋아 주기에, 우리 같은 무식한 평민들이 지나친 수치스러운 행위들에 대해 소리쳐 말해야 합니다. 마치 그리스도께서 '만일 이 사람들이 침묵하면 돌들이 소리 지르리라'고 말씀하신 것처럼 말입니다."WA1,573

자신을 배운 자가 아니라 무식한 평민으로 자리매김하는 것은 수사적인 표현일 것이다. 한편으로는 배운 자들이 쉽게 빠지는 권력 앞에서의 그럴듯한 침묵의 늪에서 벗어나고, 다른 한편으로는 교황과 그를 이용해 돈 장사에 몰두하는 자들을 향한 저항의 거친 어투를 변호하기 위한 것처럼 말이다. 어떻든 중요한 것은, 루터가 소리를 지르는 돌이 되겠다는 것이다. 적어도 '그때'의 시대적 사명이란 교회를 위한다는 명목으로 권위에 순종하며 침묵하는 것이 '길'이 아니라, 저항의 목소리를 내는 것이 '길'이라고 그는 확신하였다.

이런 확신은 2년 뒤에도 발견된다. 자신을 파문하겠다고 위협하는 교황의 교서인 '주여 일어나소서'$^{Exsurge Domine}$가 비텐베르크를 향하고 있던 1520년, 그는 교황청을 향해 전쟁을 선포한다. 교회의 개혁과 관련하여 성직자 계급에 더는 희망을 품을 수 없다는 결론에 이른 루터는 개혁의 고삐를 세속 지도자들이 잡아야 한다고 호소한다. 이를 위해 『독일 민족의 그리스도인 귀족에게 고함』을 출판한다. 루터의 친구들조차도 '전쟁의 나팔소리'^{Kriegstrompet}라 부르며 출판을 재고하라고 조언할 정도로 어투와 내용이 투박하고 저항적이었다. 비텐베르크 대학의 동료이자 시니어인 암스도르프$^{Nikolaus von Amsdorf}$에게 보내는 헌사에서 루터는 단호하고 결연한 의지를 드러낸다.

> "침묵의 시간은 지나가고 말을 해야 하는 시간이
> 왔습니다."[WA6,404]

침묵을 금으로 간주하는 세상에서는 말 많음을 어리석음으로 간주하는 경향이 있다. 침묵을 강요하는 시대에는 살아남기 위해 침묵을 해야 하기도 한다. 바로 이런 시대에 루터는 '어리석은 짓'을 선택하고, '궁정 광대'의 역할을 자신이 감당해야 할 의무로 간주한다.[WA6,404] 그가 이런 길을 택하여 비판의 말을 입에 담는 것은 주교와 사제들은 말할 것도 없고, 이런 일을 위해 봉급을 받고 채용된 '대학의 교수들'조차도 잘못된 관행에 저항의 글을 쓰거나 저항의 목소리를 내지 않기 때문이라고 항변한다.[WA6,426] 교황이 그리스도의 이름으로 그리스도교를 파멸로 이끌고 가는 것을 더는 "참고 침묵할 수 없다"며, "별 볼 일 없는 존재"이지만 "바보짓"[Narrenspiel]을 끝까지 하겠다고 다짐한다.[WA6,427] 그렇게 '전쟁의 나팔'을 유감없이 분 루터는 자신의 호소 마지막 부분에서 이렇게 고백한다.

> "나는 고음으로 노래를 불렀고 불가능하게 여겨

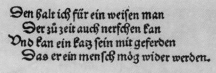

그림 19: 이것은 스트라스부르의 프란치스쿠스 수도사 토마스 무르너[Th.Murner]가 루터를 조롱하며 지은 4,800행에 달하는 '위대한 광대 루터에 대하여'라는 제목의 풍자시 표지 그림이다. 1522년 12월에 인쇄된 이 시는 루터를 공격하는 가장 재치 있는 작품으로 간주한다. '광대 루터'라는 말은 1520년에 루터가 『독일 민족의 그리스도인 귀족에게 고함』에서 자신을 소리 지르는 광대의 역할을 하겠다는 것을 빗대어 사용한 것으로 보인다. 이후 루터와 무르너는 계속되는 전단지 논쟁에서 전형적인 대적자로 자주 등장한다.

질 많은 일을 제안했으며, 또한 여러 가지 일을
너무 신랄하게 공격했다고 생각합니다. 그러나
내가 도대체 무슨 일을 할 수 있겠습니까? 나는
말해야 할 의무가 있습니다. … 나는 이제까지
내 적대자들에게 평화를 여러 번 제의하였습니
다. 그러나 내가 지금 보는 대로 하나님은 저들
때문에 나에게 입을 점점 크게 벌리지 않을 수
없게 했으며, 또한 저들이 지나치기 때문에 저들
에게 말하고 부르짖고 글을 쓰고 응수하지 않을
수 없게 하였습니다. 아, 나는 로마와 저들에 대
한 또 다른 작은 노래를 알고 있습니다. 만일 저
들의 귀가 듣고 싶어 근질근질하다면, 나는 그
노래 역시 부르겠고 음정을 제일 고음으로 올리
겠습니다."WA6,468-69

바로 루터가 부른 고음의 노래가 그립다. '신의 말씀에만
복종하기' 위해 저항의 문자들을 음표에 담아 용기 있게
부른 루터가 그립다. 말씀에 복종하고 관행에 저항하며, 말
씀을 명예와 돈벌이 수단으로 사용하는 불의와 불법에 침
묵하지 않고 말로, 글로 저항의 응전을 한 그가 그립다. 그

런데 왜 그는 이런 위치로 자신을 몰고 간 것일까? 무엇이
그를 외치는 자의 자리에 서게 했을까?

그림 20: 1530년경에 만들어진 루터를 비판하는 전단지 그림이다. 오른쪽 하
단에 다음과 같은 내용이 나온다: 사탄이 많은 백파이프를 불며 성직자들의
귀에 많은 허구와 판타지한 이야기들을 들려주며 그 소리를 내게 하였다. 그
런데 루터 때문에 백파이프가 파괴되어 슬프고 화가 나 있다. 그러나 이 기간
이 길지 않을 것이라 소망한다. 왜냐하면 세상은 죄로 가득하기 때문이다.

그림 21: 1618년에 인쇄된 한 장짜리 전단지로 제목이 '마르틴 루터 박사의 경이적인 업적' Wunderwerck D. Matrin Luthers이다. 루터가 다니엘에게 임한 하늘의 소리를 전하는 자로 그려지는데, 그 내용은 요한복음 5:39절로 성경이 증거하는 이는 교황이 아니라 예수 그리스도이며, 이 사야 57장에 따라 교황과 그 추종자들을 '패역의 자식'과 '거짓의 후손'으로 부르며 하나님 께서 그들을 친다는 것이다. 루터가 부는 나팔을 통해 전해지는 이 '한밤중의 외침'Geschrei von Mitternacht은 교황을 몹시 놀라게 하여 그를 교황 좌에서 거의 떨어질 뻔하게 만든다. 교황은 마지막 심판을 예언하는 다니엘 12장의 '악한 자'로 나온다. 루터의 모습을 띤 천사도 교황 을 요한계시록 14장에 나오는 '음행을 행하는 바벨론'으로, 넘어지는 그의 의자를 가까스로 떠받치고 있는 추종자들을 '짐승 우상을 경배하는 자들'로 간주한다. 루터의 아래 뒤편에 나오는 면죄부 설교자 테첼이 들고 있는 면죄부는 교황의 타락을 상징적으로 보여준다. 이 그림 밑으로 네 단에 걸쳐 교황, 테첼, 루터, 예수회 신부들의 대화가 나온다. 이어서 천사의 판결과 하나님의 소리를 전한 루터를 따르지 않는 자는 이단자일 수밖에 없다는 시인의 목 소리가 나온다.

4. 성직매매가 낳은 종이 한 장의 위력

불법적인 성직매매는 또 다른 불법을 낳는다. 이것은 막대한 돈거래를 통해 마인츠의 대주교 자리를 산 알브레히트와 돈을 받고 이 자리를 판 교황청에 해당하는 말이다. 알브레히트는 아욱스부르크의 거상으로 대부업도 하던 야콥 푸거[J.Fugger]에게서 48,000 굴덴[Gulden]이 넘는 거액을 빌려 교황청에 넘겼다.

그림 22: 알브레히트 뒤러가 1519년에 그린 알브레히트 초상

이렇게 많은 돈을 교황에게 지급한 것은 알브레히트가 막데부르크의 대주교 자리를 포기하지 않고 두 자리 다 소유하려 하였으며, 게다가 막강한 정치적 권력을 가지고 있던 마인츠의 대주교 자리를 물려받기에는 아직 나이도 어렸기 때문이다. 이것이 교회법에 어긋난다는 것을 알게 된 교황 레오 10세는 눈을 감아주는 대가로 상납금을 원래의 약속보다 두 배나 더 요구한 것이다. 돈만 들어오면 그

어떤 불법도 허용하는 성직매매의 폐해를 그대로 보여준다.

눈덩이처럼 불어난 부채를 갚기 위해 알브레히트는 면죄부 판매를 계획하고, 교황에게 허락을 청한다. 돈에 춤을 추는 교황은 특별한 호의를 베푼다는 명목으로 또 다른

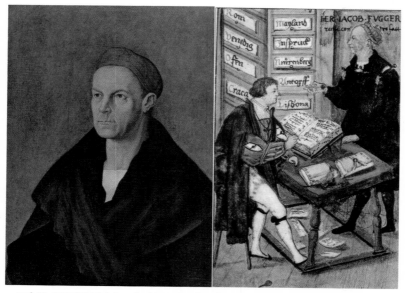

그림 23: 1518년에 뒤러가 그린 것으로 간주하는 야콥 푸거의 초상화(왼쪽). 1518년에 아욱스부르크 제국의회에 뒤러는 뉘른베르크의 대표로 참석한다. 당시 푸거의 저택은 황제와 교황의 사절단들이 머물 정도로 거대하고 호화로운 집이었다. 아마도 이곳에서 뒤러는 푸거의 초상화를 스케치하여 후에 완성한 것으로 보인다. 부를 매개로 하여 황제와 교황 모두와 가깝게 지내던 푸거는 면죄부 장사로 인해 루터의 비판을 받는다. 1520년에 출판된 '독일의 그리스도교 귀족들에게'에서 루터는 푸거와 면죄부 장사가 제지되어야 한다며 그를 공개적으로 비판한다. 오른쪽 그림은 1517년에 푸거의 사무실을 그린 것으로 그의 재정담당자요 비서인 마태우스 슈바르츠[M.Schwarz]도 나온다. '황금색 사무실'[Die Goldene Schreibstube]이라 불리는 이 사무실은 1488년에 만들어졌다. 벽에는 푸거가 거래하던 로마, 베니스, 밀라노, 인스부르크, 뉘른베르크, 리사본 등 유럽의 주요 도시 이름이 나온다.

돈놀이를 만들어낸다. 면죄부 판매 수입의 반을 받는 조건
으로 1515년 3월 31일에 면죄부 판매를 승인한다.

대주교의 자리를 돈으로 사기 위해 천문학적인 빚을 진
알브레히트는 면죄부 판매에 남다른 관심을 가질 수밖에
없었다. 이를 극대화하기 위해 면죄부 판매에 전념하는 소
위 '면죄부 설교자'를 채용하고, 그들에게 특별한 권한을
부여한다. 그 대표적인 자가 바로 도미니쿠스 수도사인 요
한네스 테첼이다. 그리고 면죄부 설교자들의 활동을 교회

그림 24: 레오 10세가 허락한 1516년의 면죄부. 베드로 대성당의 건축비 조
달을 위한 목적 때문에 '베드로 면죄부'라 불리기도 한 이 면죄부는 건축비
외에도 교황의 사치스러운 삶의 스타일 때문에 지게 된 빚을 갚는 데도 사
용되었다. 이 면죄부는 돈을 받고 팔고 사는 것이어서 시장에서 일종의 '유
가증권'처럼 주고받기도 하였다.

법적으로 합리화하고 지원하기 위해 대주교는 일종의 지침서를 하달한다. 그것이 바로 '면죄부 요약지침서'[Instructio summaria]다.

여기서 이 '면죄부 요약지침서'를 소개하는 이유 중에는 '루터 사건'을 보다 명확히 하려는 것 외에도 또 하나의 이유가 있다. 이런저런 학회에서 루터에 관해 발표할 때, 나는 '면죄부'라는 말을 고집스럽게 사용한다. 그럴 때마다 어김없이 비판적인 질문을 받아왔다. '인둘젠티아'[indulgentia]라는 말은 죄를 완전히 사해주는 것이 아니라, 벌을 면제해주는 의미라는 것이다. 그래서 '면죄부'라는 번역은 잘못된 것이고, '면벌부'나 '사면장'이라는 용어가 더 적합하다는 것이다.

나는 이런 교과서적인 정의에 근거한 지적에 흔들린 적도 있다. 그러나 '면죄부 요약지침서'를 직접 읽고 난 뒤에는 다시 '면죄부'라는 말을 사용한다. 도대체 이곳에 무엇이 기록되어 있기에 많은 학자의 권고에도 불구하고 나는 '면죄부'라는 말을 고수하는 것일까? 이런 질문을 던지며 '면죄부 요약지침서'로 들어간다.

'면죄부 요약지침서'는 면죄부에 대한 그때까지의 각종 지시를 요약한 것이다. 그러나 전통적인 면죄부 개념을 넘

어가는 내용도 담고 있다. 무엇보다 교황의 면죄부가 특
별하게 가지고 있다고 간주하는 '네 가지 주요 은총^{quatuor}
$^{principales\ gratiae}$에 대한 설명이 우리의 눈길을 끈다.

> "(면죄부가 주는) 첫 번째 은총은 모든 죄를 완전
> 히 사면한다는 것이다."$^{Ablassstreit1517,\ 110}$
> Prima gratia est plenaria remissio omnium
> peccatorum.

죄의 완전한 용서이기에 연옥으로 가야 하는 벌도 면하
게 된다. 이 은총은 하나님의 선물이지만, 이것을 더 쉽게
얻기 위해서는 다음과 같은 규칙이 일종의 명령으로 제안
된다. 건강한 자는 교황의 문장紋章이 전시되고, 면죄부 십
자가가 비치된 일곱 교회를 방문하여 참회의 기도를 드리
는 것이다. 몸이 아프거나, 지체에 장애를 가지고 있어서
교회로 갈 수 없는 자들을 위해서는 면죄부 제단이 설치
된 가까운 교회를 방문하여 기도하는 것으로도 완전한 면
죄를 받을 수 있다. 침대에 누워있어야 하는 환자를 위해
서는 성상이 주어지는데, 그 성상 앞에서 기도하는 것으로
도 완전한 면죄를 받을 수 있다. 죄의 완전한 용서를 얻는

그림 25: 면죄부 십자가와 그 양 옆으로 교황의 문장이 설치된 교회에서 면죄부를
판매하는 모습을 그린 목판화. 1521년에 아욱스부르크에서 출판된 '기독교적인
삶에 나타나는 많은 폐습에 대한 한스 슈발브라 불리는 평신도의 한탄'Beklagung eines
Laien genannt Hans Schwalb ueber viele Missbraeuche christlichen Lebens의 표지 그림이다.

이런 은혜로운 선물을 위해 이 정도의 수고를 아끼지 않을 사람이 어디 있겠는가?

그런데 곧바로 이어지는 단락에서 면죄부의 실체가 무엇인지 그 속내가 분명히 드러난다. 무엇보다 '돈궤에 헌금하는 방법'Modus contribuendi in cistam이라는 주제로 내세운 단락이 앞서 언급한 은혜를 돈으로 장사하려는 의도를 읽게 해준다. 아니나 다를까? 첫 번째로 나오는 규정에 의하면, 면죄부 설교자들은 교회로 오는 순례자에게 면죄부가 가지는 죄의 완전한 용서에 관해 설명한 뒤 다음과 같은 질문을 던져야 했다.

> "앞서 언급한 가장 완전한 용서와 효능을 위해 얼
> 마나 많은 돈이나, 재물을 양심적으로 바치고자
> 하는가?"Ablassstreit1517,111

은혜로운 선물을 교묘하게 돈 장사로 비트는 질문이다. 이어지는 규정은 점입가경이다. 순례자의 신분과 재산의 정도에 따라 정해진 기부금을 제시하는 것이다. 한 면죄부당 왕과 왕비와 왕자와 대주교와 주교와 세속 제후들은

25라인 금 굴덴을, 수도원장과 주교좌성당의 고위 신부들
과 백작과 남작과 고위 귀족들 및 그 부인들은 10 라인 금
굴덴을 지급해야 한다. 낮은 직분의 성직자와 귀족 그리고

그림 26: 외르크 브로이[J.Breu] 1세가 '화폐주조공에게 던지는 질문: 매일 만드는 그 많은 동전이 어
디로 가는가'라는 제목의 전단지에 그린 1530년 목판화. 이 질문에 주조공은 세 종류의 적들, 곧
교회를 통해 면죄부를 파는 교황, 사치품을 파는 상인들, 유행에 따라 호화로운 옷을 사 입는 사
람들에게로 간다고 대답한다. 이 전단지가 아욱스부르크에서 인쇄되었기에 교황과의 돈거래를
담당하던 아욱스부르크의 거상[巨商]인 푸거 가[家]를 간접적으로 비판하는 것으로 간주한다.

유명 도시의 학교장 및 매년 500굴덴 이상의 수입을 가지는 자들은 6 금 굴덴을 지급해야 한다. 매년 200 금 굴덴 이상을 버는 시민이나 상인은 3 굴덴을, 더 적게 버는 시민과 상인과 수공업자는 1 굴덴을, 이들보다도 더 적게 버는 이들은 반 굴덴을 지급해야 한다. 돈이 없는 가난한 자들은 기도와 금식으로 대체할 수 있다. 이러한 규정은 하나님과 장사할 수 있는 길을 열어주었다. 죄를 완전히 사해주는 효력을 가지고 있다는 면죄부를 누가 외면할 수 있었겠는가? 천국으로 가는 길이 넓게 열리게 되었고, 이 길은 수많은 사람이 선호하는 길이 되었다. 이것은 죄에 대해 무감각하게 만들고, 마음의 참회를 소홀히 하게 하는 문화를 낳게 하였다.

　면죄부를 통해 얻게 되는 두 번째 은총에 대해서 '면죄부 요약 지침서'는 다음과 같이 말한다.

　　"두 번째 주요 은총은, 이것이 가장 크고, 가장 많이 감면해주고, 전대미문의 권한을 가진 완벽한 고해 증서라는 것이다. 이것은 우리의 교서가 지닌 8년의 기한이 지나도 여전히 힘과 효력을 가진다."Ablassstreit1517,113

Secunda gratia principalis est confessionale plenum maximis et relevantissimis et prius inauditis facultatibus, quod etiam nostrae bullae octennio exspirante semper vigorem vimque habebit.

그렇다면 이 고해 증서로서의 면죄부가 가지는 효력은 무엇인가? 무엇보다 먼저 이것을 가진 자는 고해신부를 자신의 마음대로 고를 수 있다는 것이다. 그리고 이 증서를 소유한 자는 범죄행위를 한 대가로 받는 법적 징계까지도 사면될 수 있다. 또한, 교황에게만 사면의 권한이 있는 가장 무거운 대죄에 대해서도 살아 있을 때 한 번, 죽을 때 또 한 번 사면을 받을 수 있다. 그 외에도 모든 종류의 서원을, 그것이 수도사가 되려는 서원이든 수녀가 되려는 서원이든, 다른 경건한 행위로 바꿀 수도 있다. 각종 범죄에 연루된 자들이나, 서원 때문에 심적인 고통을 당하고 있는 자들에게 면죄부는 어떤 값을 치르더라도 사야 하는 갈망의 종이가 될 수밖에 없었을 것이다.

면죄부를 통해 얻게 되는 세 번째 은총은, 교회의 모든 영적 보고寶庫에 참여한 것으로 인정된다는 것이다. 교회의 영적 보고란 교회에서 실시되는 모든 청원과 중보와 자선과 기도와 순례와 미사 등을 말하는데, 면죄부를 구매하는 것이 이런 것에 참여하는 것과 동일한 효력을 가진다는 것이다. 종이 한 장이 이 정도의 가치를 가지는데 누가 외면할 수 있겠는가?

면죄부 요약지침서는 면죄부 구매을 통해 얻게 되는 이 두 번째 은총과 세 번째 은총의 효력 때문에 다음과 같이 놀라운 말을 한다.

> "우리는 앞서 언급한 두 개의 주요 은총을 얻기 위해 고해를 하거나, 교회나 제단을 방문할 필요가 없고, 단지 면죄부만 사면 된다고 선언한다."
>
> Ablassstreit1517,116
>
> Declaramus etiam, quod pro dictis duabiis gratiis principalibus consequendis non est opus confiteri seu ecclesias aut altaria visi-tare, sed dumtaxat confessionale redimere.

성례 중의 하나로 자리매김한 고해성사도 면죄부의 효력 앞에서는 뒷전으로 밀려난다. 이 종잇조각이 미사를 비롯

해 교회의 영적인 보고보다도 더 권위 있는 것으로 등극한
다. 돈으로 하나님과 장사하는 성직매매를 노골적으로 조
장하는 것을 엿볼 수 있다.

면죄부를 통해 얻게 되는 네 번째 은총이 우리가 일반적
으로 말하는 것으로, '면죄부 요약 지침서'는 다음과 같이
말한다.

> "네 번째 은총은 연옥에 머무는 영혼을 위한 것으
> 로 모든 죄를 완전히 사해주는 것이다."[Ablassstreit1517,116]
> Quarta principalis gratia est pro animabus
> in purgatorio existentibus plenaria omnium
> peccatorum remissio.

벌을 면해주는 은총이 아니라, 죄를 용서해주는 은총에
대해 언급하고 있다. 그런데 이 은총이 돈궤에 돈을 넣을
때 일어나기 때문에, '돈궤에 동전 떨어지는 소리가 날 때,
영혼이 연옥에서 하늘로 튀어 오른다'라는 궤변이 가능했
다. 이 말은 한스 작스[H.Sachs]가 루터를 지지하는 자신의 장
편 시인 '비텐베르크의 나이팅게일'[Die Wittenbergisch Nachtigall]에

그림 27: 1517년에 행한 테첼의 면죄부 판매를 풍자한 목판화로 루터의 95개 논제 발표 100주년을 맞아 그린 것이다. 그림 좌편에 테첼의 면죄부 설교가 실려 있다. 마지막 두 행이 바로 '돈궤에 동전 떨어지는 소리가 날 때, 영혼이 연옥에서 하늘로 튀어 오른다'는 말이다. 이 전단지 아랫부분에는 두 단에 걸쳐 면죄부 판매가 나타나게 된 배경과 과정을 짤막하게 설명하는 텍스트가 나온다. 두 번째 단에는 테첼의 설교가 나오는데 한스 작스가 그의 '비텐베르크의 나이팅게일'에서 3행에 걸쳐 언급한 내용을 그대로 인용한 것이다. 다음으로 나오는 루터의 업적은 면죄부를 판매하는 상을 뒤집어엎은 것이다. 예수님의 성전정화를 떠올리게 하는 이 표현은 루터가 성직매매로 부패한 교회를 정화했다는 것을 부각한다.

서 사용한 이후 면죄부 판매를 비판하는 일종의 경구로 사용된다.

면죄부가 가지는 이러한 네 번째 은총과 관련해서도 마음으로 뉘우치고 입으로 고해할 필요가 없다고 특별히 언급한다. 그 때문에 면죄부 판매를 둘러싸고 사람들 사이에 퍼져나갔을 신앙의 해이함을 충분히 짐작하고도 남는다.

죄에 대한 완전한 용서를 선포하는 '면죄부 요약 지침서'는 성경에 대해 설교하는 것보다 면죄부의 효력에 대해 설교하는 것을 우선시한다. 면죄부 설교가 있는 주에는 다른 설교는 아예 하지 말아야 했다. 그만큼 면죄부 설교자에게 특권을 줬다.

이런 값싼 은총을 선전하는 '면죄부 요약 지침서'와 이것의 출발점이 된 교황의 면죄부 교서가 막데부르크 주교구 지역을 휘몰아치고 있을 때, 이웃 지역인 비텐베르크도 그 영향에서 자유롭지 않았다. 면죄부만 사면 어떠한 죄도 용서되기에, 면죄부 소유가 곧바로 구원을 확증한다는 세간의 수군거림은 비텐베르크에서도 사람들의 귀를 쫑긋하게 하였다. 비텐베르크에서는 면죄부 판매가 허락되지 않았지만, 면죄부를 사기 위해 이웃 도시로 향하는 구매행렬까지는 막을 수는 없었다. 이로 인해 비텐베르크도 돈만 있으면 손쉽게 살 수 있는 종이쪽지 때문에 죄에 대해 무디어지고, 고해가 소홀히 되는 영적 위기를 맞게 된다.

바로 이런 상황에서 비텐베르크의 신학자요, 설교자요, 고해신부인 루터가 등장한다. 처음에는 교회의 전통에 순종하는 젊은 신학자의 우려 섞인 목소리가 들렸다면, 점차 면죄부 판매를 가능하게 하는 교황의 권위에 저항하는 소리로 바뀐다. 그런데 당시 교황에게 저항한다는 것, 그것도 공개적으로 한다는 것은 결코 쉬운 일이 아니었다. 사적인 대화나, 편지 등에서 개인적인 의견을 나누는 것과는 달리 공적인 방식으로 저항의 목소리를 낸다는 것은 당시엔 매우 위험하였다. 그런데도 루터는 공적인 저항의 길을 택한다. 왜 그랬을까?

5. 저항의 목소리, 공적 무대로 올리다

이미 언급했듯이, 면죄부 판매는 교황의 허락하에 공적으로 진행되고 있었다. 그 때문에 면죄부 판매로 일어난 폐해도 공적인 차원의 그늘을 가지고 있었다. 이것을 꿰뚫어 본 루터는 면죄부 판매에 대한 자신의 견해를 개인적인 차원을 넘어 공적인 차원으로 끌어올린다. 그러나 무명의 신학자로서 신성로마제국의 가장 높은 영적 수장 자리에 있던 마인츠의 대주교가 시도하는 면죄부 판매를 비판하는 것이 쉽지 않았을 것이다. 그래서일까? 1517년 10월 31일자로 알브레히트에게 보낸 편지의 서두에서 '오랫동안 편지 쓰는 것을 미루어왔다'고 고백한다.

이제 루터는 자신의 모순을 해명해야 한다. 오랫동안 미루어 온 편지를 지금 쓰고 있는 이유가 무엇인지 설명해야 한다. 더는 침묵할 수 없다고 말하는 몇 가지 이유가 있지만, 그중 하나가 바로 교회의 본질과 관련이 있다. 교회를 교회 되게 하는 것은 복음을 선포하는 것이다. 그 때문에 성직자의 우선적인 사역은 백성들에게 복음을 알게 하는 것이다. 그런데 교황과 대주교의 허락하에서 진행되는 면죄부 판매가 교회의 모든 사역을 잠식하는 블랙홀이 되었다. 면죄부에 대한 과도한 관심으로 인한 복음에 대한 침묵, 이것은 일어나서는 안 되는 복음에 대한 끔찍한 만행이다. 이런 일그러진 교회의 모습을 고발하며 루터는 이렇게 말한다.

> "그리스도께서는 어디에서도 면죄부를 설교하라
> 고 명하지 않으셨습니다. 오히려 복음을 설교하
> 라고 단호하게 명하셨습니다. 그러므로 성직자가
> 복음에 대해서는 침묵하면서 면죄부는 시끌벅적
> 하게 선전하며, 복음보다 면죄부에 더 신경을 쓴
> 다면, 이것은 얼마나 끔찍한 일이며, 얼마나 위험
> 한 일입니까?"[WABr,1,111]

그리스도께서 남기신 명령은 면죄부 설교가 아니라, 복
음을 설교하라는 것임을 상기시키는 루터의 표현은 그 반
대를 요구하는 '면죄부 요약 지침서'와 이것을 허락한 알브
레히트의 권위에 대한 완곡한 수사적인 비판이다. 놀라운
것은 이 비판의 목소리를 이젠 대범하게 드러내놓고 한다
는 것이다. 다시 말해, 공개적으로 한다는 것이다.

물론 편지 자체는 사적인 영역에 머물 수 있다. 루터도
이것을 인지한 것 같다. 그래서 대주교에게 보내는 편지
의 마지막 부분에서 동봉하는 '나의 공개토론 논제들'[meas]

disputationes을 읽을 것을 추신의 형태로 언급한다. 여기서 '공개토론'이라는 말이 루터가 면죄부 비판의 입장을 공적인 장으로 끌고 가는 열쇠가 된다.

　루터 당시에는 아직 교황이나, 공의회에 의해 정식으로 공인되지 않은 문제에 대해 박사학위를 소유한 신학자들이 수업방식의 하나였던 '공개토론'을 통해 문제를 제기하고, 토론할 수 있는 학문적인 자유가 어느 정도 있었다. 물론 이 학문적인 자유는 제한되어 있었다. 그러나 루터는 대학의 강단이 제공하는 이 제한된 학문의 자유를 통해 개인적으로 발견한 면죄부 판매의 문제점을 공적인 무대 위로 올린다. 이러한 루터의 의도는 11월 초에 95개 논제를 공개토론으로 초대한다는 머리말과 함께 별도로 인쇄하여 세간에 알리면서 더욱 분명하게 드러난다.

> "진리에 대한 사랑과 그것을 밝히 드러내고자 하는 바람으로 아래의 논제들을 비텐베르크에서 신학 교수인 마르틴 루터의 좌장 아래 공개토론하고자 합니다. 참석하여 우리와 함께 토론할 수 없는 자들은 서면으로 입장을 표명해주시기 바랍니다."WA1,233

그림 28: 95개 논제는 루터가 직접 쓴 필사본도, 비텐베르크 인쇄본도 남아 있지 않다. 1517년 말까지 인쇄된 것 중에는 라이프치히, 뉘른베르크, 바젤 등 세 곳의 인쇄본만 남아 있다. 그중 위에 소개하는 논제는 뉘른베르크에서 인쇄된 것이다. 특이한 것은 번호가 1-25번까지 갔다가 다시 되풀이되는 것이다.. 다른 두 곳의 인쇄본도 번호에 혼동이 있는 것으로 보아 그만큼 인쇄기술이 발달하지 않았기 때문인 것 같다.

공개토론을 알리는 이 인쇄본은 여러 신학자와 신학교 그리고 교회 지도자들에게 보내졌다. 또한 11월 초에는 당시 대학의 게시판과 같은 역할을 하던 비텐베르크의 슐로쓰교회 문에도 붙었을 것이다. 공개토론에 부침을 통해 루터가 의도했던 것은 면죄부에 대한 자기 생각이 사적인 영역 안에 머물러 유야무야 되는 것이 아니라, 공적인 영역에서 회자하는 것이었던 것 같다. 무명의 신학자이던 당시의 루터에게 있어서 공적 영역이란 대학이라는 장이었으며, 수업의 한 형태인 '공개토론'이 그에 걸맞은 공적 무대였다.

루터가 이 공개토론이라는 공적 무대를 얼마나 붙잡고자 했는지는 이어지는 그의 입장표명에서 쉽게 읽을 수 있다. 1518년에 그는 『면죄부 해설』을 교황 레오 10세에게 헌정한다. 이 헌사에 보면, 마인츠의 대주교에게 보낸 편지는 "사적으로"privatim 쓰인 것인데, 이 사적인 요구가 받아들여지지 않아 자신이 할 수 있는 가장 최선의 방법인 공개토론에 부쳤다고 설명한다. 이런 권리가 어디에서 나오는지에 대해 그는 다음과 같이 말한다.

"(나를 적대하는 자들은) 당신의 사도적인 권위로

부터 신학 교수가 된 내가 모든 대학과 전 교회
의 관습에 따라 공적으로 대학에서 공개토론을
할 수 있는 권리^{ius}를 가지고 있다는 것을 못마땅
하게 여깁니다. … 그러나 그들이 당신의 권위에
의해 주어진 자격^{facultas}을 나에게서 금하려고 하
는 것이 내 마음을 뒤흔들지 못합니다."^{WA1,528}

대학이라는 울타리 안에서 공적으로 공개토론을 하는
것은 당시 대학교수에게 주어진 권리였다. 이를 위해 루터
는 공개토론에 부쳐질 논제를 별도로 인쇄하여 학자들과
교회의 성직자들에게 공개한 것이다. 이를 통해 루터의 면
죄부 비판은 공적인 찬성과 반대의 밀물과 썰물을 타고 비
텐베르크라는 울타리를 넘어 전 유럽으로 급속히 퍼져나
갔다. 루터는 이것을 의도하지 않게 일어난 "기적"으로 간
주하지만, 어쩌면 의도된 것인지도 모른다. 무명의 신학자
가 거대한 골리앗에 도전하는 최선의 방법일 수 있기 때문
이다. 그럼 이렇게 공적인 무대로 올라온 저항의 목소리는
무엇인가?

6. 무엇에 저항하는 소리인가?

> "우리들의 주님이시며 선생이신 예수 그리스도께
> 서 '회개하라'고 말씀하실 때 그는 신자들의 전
> 생애가 회개이기를 원하셨다."

95개 논제의 첫 번째 명제는 아무 특별한 것이 없어 보이는 평범한 주장이다. 그냥 지나쳐 읽을 수 있을 정도로 너무도 밋밋한 시작이다. 그래서일까? 이 논제를 접하고 루터를 공격한 이들의 글을 보면, 이 첫 번째 명제는 크게 주목을 받지 못한다. 죄를 사할 수 있다는, 심지어는 연옥에까지 그 영향력을 미친다는 교황의 힘을 인정하지 않는다는 점을 부각하며, 루터에게 이단 혐의를 씌우는 데만 집중한다. 이런 반응들에 대해 루터는 어떻게 대응하는가?

1518년의 『면죄부 해설』에 보면, 본격적인 해설에 들어가기 전에 일러두기 형식의 짤막한 글이 나온다. 여기에서 루터는 면죄부 비판을 둘러싸고 일어난 논쟁을 어떠한 위치에서 바라보고 평가하는지에 대한 기본 견해를 밝힌다. 먼저 자신의 면죄부 비판이 대학에서 일반적으로 실시되는 '신학적인 공개토론'$^{Theologica\ disputatio}$의 방식으로 제기되었음

을 다시금 상기시킨다. 그리고 이 『면죄부 해설』은 자신의
95개 논제들을 비판하는 목소리에 대한 '반론'임을 명시한
다. 그래서 이 일러두기의 표제 자체를 '반론'protestatio으로
정한다. 그리고 공개토론에 임하는 자신의 두 가지 기본입
장을 천명한다. 아무도 관심을 주지 않는 이 내용이 중요하
기에 여기에 그대로 인용한다.

> "첫 번째로 제기하는 반론은, 내가 다음의 근거
> 로부터 도출한 것 이외에는 어떤 것도 말하거나
> 붙잡거나 하지 않는다는 것이다. 무엇보다 먼저,
> 성서 안에서 그리고 성서로부터이다. 그다음으
> 로는, 교회에서 인정한 교부들과 교회법과 교황
> 의 교서들이다. 그러나 앞에서 말한 근거들로부
> 터 인정되거나, 인정될 수 없는 토론의 논제들에
> 대해서는 이성의 판단과 경험을 붙잡을 것이다."
> WA1,529-30

   루터는 자기주장의 근거를 무엇보다 성서에서 찾고 있음
을 분명히 밝힌다. 성서가 먼저이고, 전통이 그다음이다. 이
두 근거에 이어 세 번째 근거라 할 수 있는 이성과 경험이

나온다. 그런데 여기서 이성과 경험을 특별히 언급하는 이
유는 무엇일까?

　루터는 위의 인용문에 바로 이어서 한 가지를 덧붙여 부
연 설명한다. 텍스트 인용이나, 증명 없이 그냥 나열되는
토마스 아퀴나스와 보나벤투라와 다른 스콜라 신학자들과
교회법 학자들의 견해들^{opiniones}을 자신의 재량에 따라 거
절하거나, 받아들이겠다는 것이다. 이것은 전통의 해석을
상대화시키는 수사적인 어법을 넘어 중세의 신학적인 전통
과의 전쟁을 선포하는 것이다. 특히, 신학 전반에 걸쳐 절
대적인 권위를 가지고 있던 토마스 아퀴나스와 그를 여과
없이 따르는 이들에 대한 도전이다. 대 신학자에 대한 무명
의 신학자가 든 반기, 그것은 '저항'이었다. 이런 의미에서
공개토론의 형식상 '반론'의 형태를 띤 '프로테스타치오'는
예수께서 말씀하신 회개를 잘못 이해하여 고해 교리를 만
들고, 이와 관련된 교황의 권위로 이 교리의 벽을 높게 쌓
은 중세의 신학적 전통과 그 부정적 산물에 대한 저항적
의미도 담고 있다.

　『면죄부 논제』의 첫 번째 명제를 '회개하라'는 예수님의
말씀을 인용하며 시작하였다는 것은 이런 상징적인 의미
를 지니고 있다. 이것은 우연히 그렇게 된 것이 아니다. 교

황 레오 10세에게 헌정된 1518년의 『면죄부 해설』을 교황에게 전달해 줄 중간 인물로 루터는 자신의 스승인 슈타우피츠로 정한다. 그리고 그에게 부탁하는 편지를 쓴다. 이 편지에 보면, '회개'라는 말에 대한 루터의 이해와 그 발전 과정이 짧지만 분명히 나와 있다.

중세의 전통을 따르는 고해에 루터는 수없이 실패한다. 이런 루터에게 참된 회개는 의를 사랑하고, 하나님을 사랑하는 것으로 시작한다는 슈타우피츠의 가르침은 일종의 충격으로 다가온다. 이후 루터는 회개에 대한 성경 말씀을 조사하고 연구하며, 전 성경을 통해 가장 고통스러운 말로 각인되어 있던 회개라는 말을 오히려 "사랑스럽고 유쾌한" 말로 받아들이게 된다. 이런 상태에서 에라스무스의 원어 연구의 영향을 받는다. 중세에 정경으로 사용되던 불가타는 회개라는 말을 '페니텐치아'poenitentia로 번역한다. 에라스무스는 이 라틴어 번역이 잘못되었음을 지적하며, 헬라어 단어인 '메타노이아'의 의미를 환기한다. 헬라어 성경을 통해 에라스무스의 관찰에 고무된 루터는 바로 이 헬라어 단어의 뜻을 바울과 구약의 히브리 단어들과 비교 연구하며 보다 깊은 성서적 의미에 이른다. 그리고 '회개하라'를 '고해를 행하라'poenitentiam agite로 번역한 라틴어 성경 때문에 고해를 참회와 고백과 보속이라는 세 단계로 나눈 중세 신학자들의 고해 신학을 거부한다.

『면죄부 논제』의 첫 번째 조항은 루터의 이런 치열한 성서 연구를 배경으로 하고 있다. 이와 더불어 성서로부터 출발하지 않는 그리고 성서에 의해 증명되지 않는 신학적인 주장에 대해서는, 그것이 교황의 교서이든 그 어떤 유명한 신학자의 주장이든, 언제든지 수정될 수 있는 하나의 '의견'으로만 받아들인다. 그 때문에 어떤 주장을 성서와의 씨름 없이 권위를 가진 누군가가 말했다고 하여 그냥 읊조리는 관행에 동조하지 않는다. 이런 전통에 대한 저항은 곧 성경에 대한 복종을 의미했다.

7. 하나님 앞에서 너희의 말을 듣는 것이 하나님의 말씀을 듣는 것보다 옳은가 판단하라!

1520년 6월에 교황은 루터의 파문을 위협하는 교서인 '주여 일어나소서'를 공표한다. 왜 일이 이렇게까지 치닫게 되었을까? 교황을 등에 업은 자들의 횡포로만 단정해도 좋을까? 루터 편에서의 문제는 없었을까? 파문의 문제를 들고나올 정도로 교황과 교회의 전통을 자극하는 일은 없었을까?

1518년이 마지막을 향해 치닫고 있던 어느 날, 루터는 자신의 문제를 공평하게 다룰 교회 공의회의 개최를 호소한다. 이것만으로도 그는 교황의 권위에 도전하는 것으로 보일 수 있었다. 실제로 루터는 교황을 일반 인간과 다를 바 없는 존재, 곧 약하고, 틀릴 수 있고, 죄를 지을 수 있고, 거짓말할 수 있고, 자만할 수 있는 자로 간주한다. 당연한 말이다. 그러나 교황의 권위에 반대하고 있다는 의심을 받는 루터의 말이기에 색안경을 끼고 들을 수밖에 없는 위험한 말이다. 그런데 우리의 귀를 의심하게 만드는 또 다른 목소리가 들린다. 루터는 갈라디아서 2장에 나오는 바울의 베드로 책망을 끌어들여 다음과 같이 말한다.

"가장 높은 교황이라 할지라도 베드로와 같은 약함으로 인해 죄를 범하거나 신적인 계명에 반하는 것을 명령하거나 결정한다면, 그에게 순종할 수 없고 순종하지 말아야 함은 물론이고, 사도

바울과 함께 얼굴을 맞대고 저항할 수 있으며 저
항해야 한다."WA2,37

교황의 권위를 중요시하는 이들에게는 걸림돌이 되고
도 남는 도발적인 표현이다. 그러나 루터는 이제 확실한 자
신의 생각을 가지고 있다. 성서와 교황, 이 둘은 같은 선상
에 있는 근원도 힘도 아니다. 교황이 가지는 권력potestas은
"성서와 진리의 위엄에 맞서거나 넘어서서는 안 되고, 그것
을 위하고 그것 아래에 있어야 한다."WA2,39 그 때문에 면죄
부 판매를 승인하는 것은 성서에 위배되는 것으로 저항해
야 한다. 면죄부 판매의 최종 승인자가 교황이기에 자연적
으로 교황에 대한 저항으로 나아갈 수밖에 없었다.

루터가 공의회 개최를 호소하였다는 것은 그를 교황보
다 공의회를 더 우위에 있다고 주장하는 공의회주의자로
간주할 수 있는 단초를 제공한다. 실제로 그는 신앙과 관
련된 문제에 있어서 공의회가 교황 위에 있다고 인정한
다.WA2,36 그렇다고 공의회에 특별한 권위를 주는 것도 아니
다. 교황뿐만 아니라, 공의회도 오류를 범할 수 있음을 지
적하기 때문이다. 오류가 없는 하나님의 말씀인 성경과의

관계에 있어서 공의회는 말씀 자체가 아니라, "말씀의 피조물"creatura verbi이다.WA59,479 그 때문에 공의회도 교황과 마찬가지로 성경 위에 있는 것이 아니라 성경 뒤와 아래에 있으며, 공의회의 모든 결정은 성경으로부터 판단되어야 한다.

교황과 공의회에 대한 이러한 입장 때문에 루터는 성서적인 전거나 증명 없이 교황이 말했기 때문에, 또는 공의회가 결정하였기 때문에 따라야 한다는 주장에 반대한다. 실제로 루터를 심문하기 위해 교황청으로부터 파견된 자들의 주장을 보면, 성서나 교부의 글들을 자세히 살피는 진지함이 부족하다. 너무도 단순하게 루터의 주장을 '진리에 반한다', '교회의 가르침에 어긋난다'는 식으로만 배격한다. 이런 방식은 성서 구절들을 치열하게 주석하며, 교부의 글들을 통해 더욱 확증하는 루터에게는 아무 설득력이 없는 권력의 갑질로만 보일 뿐이었다.

그래서일까? 자신을 파문하겠다고 위협하는 교황의 교서가 발표되었을 때, 루터는 이 교서에 응답하는 '적그리스도의 가증스러운 교서에 반대하여'Adversus execrabilem Antichristi bullam에서 다음과 같이 말한다.

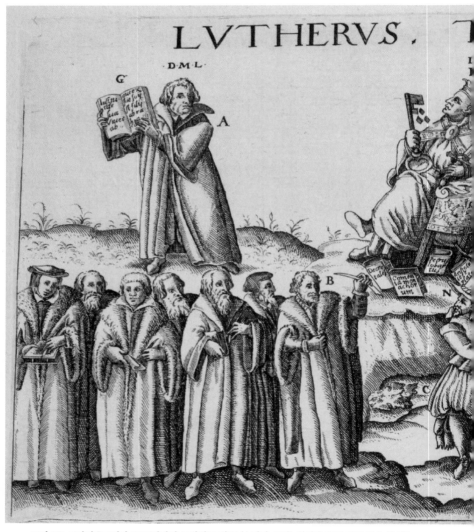

그림 29: 크라나흐 2세가 1568년경에 동판화로 만든 '승리자 루터'. 성경을 들고 당당하게 서 있는 루터에 비해 레오 10세가 앉아 있는 교황의 의자는 그것의 지지대 역할을 하던 교회법과 롬바르 두스 등의 신학책과 아리스토텔레스의 철학책 등이 무너져 흩어지자 절벽 밑으로 떨어지려 한다.

그것을 예수회 신부들이 간신히 바치고 있다. 이들만 이 역할을 맡은 것은 세 가지 서원을 하는 다른 수도회에 비해 '교황에게 충성한다'는 서원도 첨가한 예수회의 모습을 보여주려는 것이다. 그 위로는 칼과 불을 든 도미니쿠스 수도승들이 나오는데, 이들이 종교재판에 앞장섰던 것을 표현한다.

"나는 (이 교서가) 성경의 증언을 통해 나를 가
르치기를 기대하였다. 그런데 자기 말만 가지고
나를 정죄할 뿐이다. 반면에 나는 내 모든 주장
을 성경으로 뒷받침하고 있다. 무식한 적그리스
도야, 나는 묻는다. 단지 네 말만 가지고 가장 잘
무장된 성경에 대항하여 이기고자 하는지 말이
다. 이렇게 정죄하는 방법을 쾰른과 루뱅의 교수

그림 30: 루터가 번역하여 1522년에 출판한 신약성경의 요한계시록 17장에 나오는 바벨
론의 음녀. 그림 위와 아래에는 각각 라틴어와 독일어로 17장의 주제가 적혀 있다. 이 삽
화는 크라나흐 1세의 목판화로 1545년의 루터성경에는 이 음녀가 교황관^{敎皇冠}을 쓰고 있
는 것으로 진화한다.

들로부터 배웠느냐? 교회적으로 잘못을 정죄하
는 것이 '마음에 들지 않는다', '나는 부인한다',
'나는 지지하지 않는다'고 말하는 식이라면, 어
느 멍청이, 어느 나귀, 어느 두더지, 어느 나무막
대기인들 정죄할 수 없겠느냐? 네 쓸잘머리 없
는 말만으로 거룩한 말씀의 벼락에 맞서려고
하다니, 네 창녀 같은 얼굴이 부끄럽지도 않느
냐?"WA6,598-99

루터가 교황의 파문 위협 교서를 쓸모없는 종이쪽지로
간주하는 것은, 교황의 생각과 말이 성경보다 더 큰 권위
를 가진다고 여기는 전통에 저항하며 거부한다는 것을 의
미한다. 그는 성서적 전거가 없는 교회의 생각이나 말에 복
종하기보다는 성경의 증거에 복종하기를 원한다. 루터에게
는 오직 "성경만이 이 땅에서 모든 저서와 가르침에 대한
바른 삶의 주인이요, 지배자이기 때문이다." 그 때문에 성
경에 근거하지 않는 생각을 진리로 내세우며 사람들에게
강요하는 사람은 적그리스도요, '땅의 음녀들과 가증한 것
들의 어미'인 바벨론의 창녀에 불과할 뿐이다.
　교황에 대한 막말 수위로 보아 루터는 교황과의 관계에

서 이미 루비콘강을 건넌 것 같다. 이것은 1520년 12월 10
일에 있었던 한 사건에서 더욱 극명하게 나타난다. 루터를
파문하겠다고 위협하는 교서를 포함해 교황의 교서들과
교회법과 스콜라 신학자들의 서적들을 비텐베르크의 엘스
터 문밖에서 태운 것이다. 상상할 수 없는 일이다. 교황의
교서는 말할 것도 없고, 당시 한 국가의 법 못지않게, 어쩌
면 그것보다도 더 큰 영향력을 떨치던 교회법까지 불살라
버렸으니 말이다. 그래서일까? 루터는 자신의 불경건한 행
위에 대해 변호해야 할 의무를 느낀다. 이렇게 하여 탄생한
『왜 교황과 그의 추종자들의 책들이 마르틴 루터에 의해
불태워졌는지에 대하여』에서 그는 다섯 가지 근거를 제시
하며 자신의 소각이 옳은지 그른지를 판단해 달라고 청한
다. 그리고 변호의 마지막 부분에서 이렇게 말한다.

> "나를 가장 많이 움직이게 한 것은 교황이 자신에
> 게 반대해 말을 하거나, 글을 쓰거나, 행동한 자
> 에 대해 단 한 번도 성경이나 이성을 통해 반박
> 하지 않고, 항상 힘으로, 파문으로, 왕과 제후와
> 추종자들을 통해, 또는 책략과 속임수를 통해
> 억누르고, 쫓아내고, 화형에 처하고, 교살하는

것이다. … 그는 (자신에 대한) 어떤 재판도, 어떤
판결도 허용하고자 하지 않고, 항상 자신은 성경
과 모든 재판과 모든 권력 위에 있다고 외쳐 댄
다."WA7,181

루터에 의하면, 어떤 주장이 옳은지, 그른지를 판단하는
근거는 성경과 이성이다. 이것에 근거하지 않는 주장은, 그
것이 아무리 교황의 주장이라 할지라도, 그것은 비기독교
적이다. 빛보다는 어둠을 더 좋아하는 비기독교적인 것에
저항하는 진리는 빛을 사랑한다. 자신을 기꺼이 드러내 보
이며, 시험하게 한다. 그 때문에 재판장 앞에 서는 것을 꺼
리지 않는다. 자신에게 닥칠 암운暗雲에도 불구하고 루터는
산헤드린 공회 앞에서 재판을 받던 베드로와 요한과 함께
다음과 같이 말한다.

"하나님 앞에서 너희의 말을 듣는 것이 하나님의
말씀을 듣는 것보다 옳은가 판단하라."WA7,181

성경에 근거하지도 않고, 이성으로도 뒷받침되지 않는
사람의 말을 복종해야 할 진리로 내세우는 모든 시도에 저

항하는 것, 그것은 하나님의 말씀을 듣고 그 말씀에 복종
하는 것과 분리되지 않는다. 하나님의 말씀에 복종하고자
하는 자는 성경과 이성에 반하는 사람의 말에 저항해야
한다. 이것이 보름스 제국회의를 향해 갈 때 루터를 동행했
던 양심의 소리다. 그래서일까? 자신의 주장을 철회하라는
황제와 교황의 소리에 대해 루터는 다음과 같이 응전한다.

> "(나의 주장이) 성경의 증거와 명백한 이성을 통
> 해 잘못되었다고 증명되지 않는다면, 그렇다면
> 나는 내가 인용한 성경 구절에 굴복하여 머물고,
> 내 양심도 하나님의 말씀에 사로잡힌 채 머물러
> 있을 것입니다. 나는 교황도, 공의회도 믿지 않습
> 니다. 이들이 종종 잘못된 결정을 내렸고, 서로
> 반대되는 주장들을 폈다는 것이 너무도 자명하
> 기 때문입니다. 나는 (내 입장을) 철회할 수도 없
> 으며 철회하지도 않을 것입니다. 왜냐하면 양심
> 을 거슬러 무엇인가를 하는 것은 안전한 것도 아
> 니며 올바른 것도 아니기 때문입니다. 하나님 나
> 를 도우소서. 아멘."[WA7,838]

그림 31: '마르틴 루터의 참된 소리'라는 제목을 가지고 있는 이 전단지는 말씀의
검을 가진 루터가 보름스 법정에서 자신의 주장을 철회할 수 없다고 말할 수 있었
던 용기를 하나님을 향한 기도에 있음을 보여준다.

저항과 복종, 루터의 자리는 이 둘 사이에 있었다. 그런데 실은 이 두 삶의 방식은 오직 하나의 길 위에서만 가능하다. 성경과 이성이 녹아 만들어진 길 위에서만 진리에 복종할 수 있고, 비진리에 저항할 수 있다. 물론 여기서 말하는 이성이란 말씀에 사로잡힌 이성을 말한다. 이런 이성은 성서의 증거에 어긋나는 교황의 명령이나, 공의회의 결정이나, 신학자들의 주장에 복종하지 않는다. 그것이 아무리 권위 있는 명령이고, 다수의 동의를 얻은 결정이고, 세계적으로 유명한 석학의 주장이라고 할지라도 말이다. 오히려 말씀에 사로잡힌 이성은 이런 명령이나, 결정이나, 주장들을 성서 속으로 가지고 들어가, 성서의 정신과 맞는지 조사한다. 그것들을 가지고 성서를 판단하지 않고, 성서를 통해 그것들을 판단한다. 저항과 복종의 균형점은 오직 성서이다. 바로 이러한 입장 때문에 "성서 한가운데 앉아야 하며",[WA9,664] "주야로 머리를 성서에 꽂아야 한다."[WA 7,250]

8. 새로운 날의 도래를 알리는 '비텐베르크의 나이팅게 일'

일어나라, 아침이 다가온다.

푸른 숲에서 울리는

아름다운 나이팅게일의 소리

언덕과 계곡으로 울려 퍼지네.

서쪽으로 밤이 지고,

동쪽에서 낮이 올라오니

붉게 타오르는 여명

흐린 구름을 뚫고 올라오네.

리하르트 바그너의 오페라 '뉘른베르크의 마이스터징 어'Meistersinger von Nuernberg의 제3막 제5장에 나오는 합창의 가 사다. 뉘른베르크의 구두 제조공인 한스 작스H.Sachs가 무대 에 등장할 때 시작한다. 이 오페라의 가사를 바그너는 직 접 작사하였다. 그런데 위에 인용된 가사는 실제 인물인 한 스 작스의 시를 그대로 차용한 것이다. 이것은 1523년에 작 스가 지은, 700행으로 이루어진 '비텐베르크의 나이팅게일'^{Die Wittenbergisch Nachtigall}이라는 장편 시에 나온다.

그림 32: 1523년에 아욱스부르크^{Augsburg}에서 출판된 '비텐베르크의 나이팅게일'의 표지로 맨 아랫부분에 누가복음 19장 40절에 나오는 '만일 이 사람들이 침묵하면 돌들이 소리 지르리라'는 말씀이 나온다. '소리 지르는 돌'이 되겠다던 루터의 말을 그대로 받으며 자신 또한 '소리 지르는 돌'로 자리매김하는 한스 작스의 결연한 의지를 엿보게 해준다.

바그너가 차용한 가사는 이 시의 첫 8행까지이다. 여기서 밝아오는 아침은 이제 막 걸음마를 뗀 종교개혁을 의미한다. 그렇다면 종교개혁의 서막을 알리는 역할을 하는 나이팅게일이 루터를 상징하리라는 것은 어렵지 않게 읽어낼 수 있다. 실제로 작스는 같은 시 99-103행에서 이렇게 노래한다.

> 이 사랑스러운 나이팅게일은 누구인가
> 밝은 날의 도래를 소리 내어 선포하는 그는
> 마르틴 루터, 너희도 알고 있나니
> 비텐베르크의 아우구스티누스 수도사
> 우리를 밤의 어둠에서 깨워 일으켰도다.

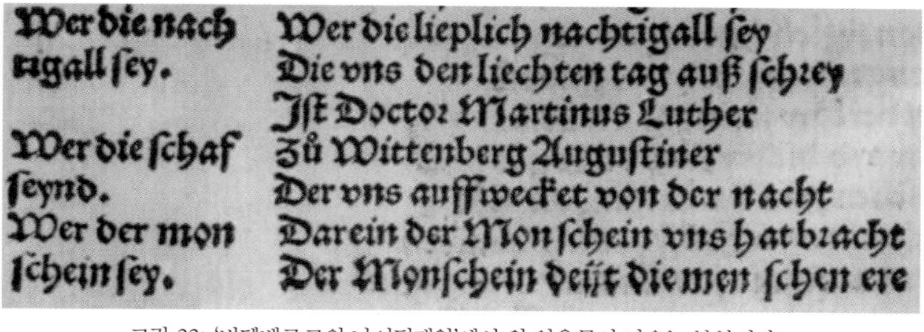

Wer die nach	Wer die lieplich nachtigall ſey
tigall ſey.	Die vns den liechten tag auß ſchrey
	Iſt Doctor Martinus Luther
Wer die ſchaf	Zů Wittenberg Auguſtiner
ſeynd.	Der vns auffwecket von der nacht
Wer der mon	Darein der Mon ſchein vns hat bracht
ſchein ſey.	Der Monſchein deüt die men ſchen ere

그림 33: '비텐베르크의 나이팅게일'에서 위 인용문이 나오는 부분이다.

구두 제조공인 한스 작스는 루터를 얼마나 알고 있었기에 그에게서 어둠을 깨우고, 새벽 여명의 밝아 옴을 노래하는 소리를 들었을까? 말년에 남긴 기록에 의하면, 그는 1522년에 40개나 되는 종교 개혁적인 내용의 설교와 소책자를 책으로 묶어 사용하였다고 한다. 물론 대부분이 루터의 글이다. 당시의 출판문화로 볼 때, 상당히 많은 양의 루터 글들을 읽었으며, 그의 중요한 종교개혁사상을 알았으리라 추정할 수 있다.

그런데 1522년이라는 연도가 특별한 의미를 지니고 있다. 1521년 1월 3일에 교황 레오 10세는 루터를 파문하는 교서$^{Decet\ Romanum\ Pontificem}$를 공표한다. 이 교서는 루터를 이단자로 정죄할 뿐만 아니라, 루터나 그의 제자들을 받아들이거나 후원하는 모든 자도 마찬가지로 이단으로 정죄한다. 1521년 5월 25일에 최종 결정이 난 보름스 칙령도 루터를 이단으로 정죄하며, 루터를 돕는 행위를 일절 금한다. 또한, 루터의 글을 출판하거나, 필사하거나, 사거나, 팔거나, 소유하거나, 읽는 자를 정죄할 것이라고 공표한다.

따라서 한스 작스의 집중적인 루터 연구는 교회에서는 이단아 루터 추종자로, 제국의 차원에서는 범법자로 낙인

찍힐 수 있는 위험한 것이었다. 더구나 당시 제국 도시이던 뉘른베르크는 루터 사건의 중심지에 있었다. 보름스 제국 의회에 이어 곧바로 열린 두 번의 제국의회가 모두 뉘른베르크에서 열렸기 때문이다. 1522년 3월 27일부터 4월 30일까지와 1522년 11월 18일부터 1523년 2월 9일까지의 제국 의회가 그것이다. 이 제국의회는 뉘른베르크에 진한 흔적을 남겼다. 루터에게 동조하는 사람들에게 엄격하게 대응할 것을 주문하는 교황 측의 요청 때문에 뉘른베르크에서는 소요가 일어났기 때문이다.

공교롭게도 한스 작스는 자신이 사는 도시에서 루터 문제로 가장 시끄럽던 시기에 루터의 글을 면밀히 읽은 것이다. 또한 소요까지 일어나는 혼란의 시기에 '비텐베르크의 나이팅게일'이라는 시를 발표한 것이다. 어쩌면 이를 통해 그는 한편으로는 교황 측의 강압적인 요구에 저항하고, 다른 한편으로는 루터를 지지하는 뉘른베르크 소요에 대해 변호하고자 한 것인지도 모른다.

뉘른베르크의 마이스터징어, 그는 구두 제조공으로서 교황과 중세 교회에 저항하는 자요, 루터의 종교개혁을 확실히 지지하는 대변자가 되었다. 시인으로서 그가 한 작업은 루터의 종교 개혁적 사상을 일반 시민들이 이해하도록 그들의 언어로 재해석하여 퍼뜨리는 것이었다.[342-342행] 특별히 그가 교황의 추종자들과 루터를 대비하는 것이 우리의 주제와 관련하여 관심을 끈다.[445-452행]

> 그들이 오랫동안 루터에 반대하는 것을 썼으나
> 그는 그들 모두를 쫓아냈으니
> 이는 그들의 글들이 어떤 근거도 가지지 못하고
> 단지 오랜 관행만을 따르고
> 성경을 가지고 아무것도 증명하지 못함이라.
> 그러나 루터는 항상 성경을 인용하나니
> 농부들이 알았으면 좋으리니
> 루터의 가르침이 확실하고 바르다는 것을.

오늘도 우리는 관행과 성경 사이에 서게 될 때가 많이 있다. 심지어는 성경적인 근거를 가지지 않는 관행이 성경의 말씀보다 더 권위 있는 것으로 자리매김하는 것을 목도할 때도 있다. 이때 우리는 어디에 서야 하는가? 내 몸에 익숙한 사고방식과 성경 사이, 교회의 색깔로 자리매김한 전통과 성경 사이, 노회나 총회의 관행과 성경 사이에서 우리의 자리는 어디인가? 우리는 무엇에 저항하고, 무엇에 복종해야 하는가? 자기 죽음을 담보로 하면서까지 '비텐베르크의 나이팅게일'을 쓴 구두 제조공 한스 작스는 오늘 우리를 이 물음 앞에 서게 한다. 그리고 우리를 밤의 어둠에서 깨워 일으킨 '비텐베르크의 나이팅게일'의 소리를 다시금 듣게 한다.

"만일 이 사람들이 침묵하면 돌들이 소리 지르리라"

9. 신앙의 탈을 쓴 맹종과 성경 및 이성의 소리에 귀 기울이는 저항 사이에

『만들어진 신』, 리처드 도킨스가 던진 화두이다. 그런데 원제목은 '신이라는 망상'The God Delusion이다. 망상이란 병적으로 생긴 잘못된 판단이나 확신을 나타내는 질환을 의미한다. 일종의 정신장애 증상이다. 이와 관련하여 저자는 책의 제사^{題辭}에서 로버트 퍼시그의 말을 인용한다.

> "누군가 망상에 시달리면 정신이상이라고 한다.
> 다수가 망상에 시달리면 종교라고 한다."

'망상'이라는 보편적인 말 대신에 종교에 국한하여 사용할 수 있는 '종교적 망상'이라는 의미로 '릴루전'^{Relusion}이라는 신조어를 사용하자는 제안도 있었지만, 저자는 더욱 근원적인 비판을 위해 '망상'이라는 말을 그대로 고수한다. '신에 대한 종교적 망상'이든 '신에 대한 망상'이든, 그가 말하려고 하는 것은 신을 믿는 종교란 망상에 불과하다는 것이다. 신자란 망상증에 걸린 정신병자라는 것이다. 매우 도발적인 주장이지만, 한국교회의 실상을 냉철하게 바라보면 마냥 뱉어낼 수만은 없는 말이다. 실제로 교회를 다니는 많은 사람이 종교적 망상 증세를 가지고 있기 때문이다. 이 망상 증상의 절정은 성경의 하나님이 아니라, 만들어진 하나님을 믿는 아이러니이다.

출애굽과 가나안에 정착한 이스라엘의 역사는 말할 것도 없고, 기독교의 역사도 되풀이해서 하나님 상을 만들려는 사람과 성경의 하나님을 붙잡으려는 사람들 사이에 흐르고 있는 긴장과 갈등, 그리고 싸움을 잘 보여준다. 이러한 실상에서 한국교회도 예외가 아니다. '앎을 추구하는 신앙'fides quaerens intellectum이 뒷전으로 밀려난 교회일수록 만들어진 신이 더욱 기승을 부리고 있다. 놀라운 것은 신을 만든 이들이 이 만들어진 신에게 복종한다는 것이다. 이러한 모습에 고무된 만들어진 신은 자신을 만든 신자들에게 더욱더 철저한 복종을 요구하며, 여기에 길들어진 신자들은 그것을 참된 신앙으로 여기며 더 열심히 맹종한다는 것이다. 이렇게 하여 생각하는 신앙이 추방된 교회에서는 기독교의 옷을 입은 종교적인 망상이 지배하게 되고, 우상이 된 목회자는 신자들을 이러한 망상의 동굴로 인도하는 것을, 어용 신학자는 동굴 벽에 망상의 교리를 새기는 것을 각각 자신의 사명으로 여긴다. 망상의 동굴을 하나님 나라로 착각하기까지 한다. 그 때문에 요즘 한국 사회는 이런 종교적인 망상에 빠져 있는 교회를 향해 냉소적이다 못해 가련하다는 반응까지 보인다.

어떻게 이런 종교적인 망상을 깨고, 성서의 하나님을 만나게 할 수 있을까? 동굴 신자를 어떻게 자유의 신자로 거듭나게 할 수 있을까? 우상에 대한 맹종의 멍에와 족쇄를 어떻게 하면 끊고, 예수가 주는 쉽고 가벼운 멍에를 메게 할 수 있을까? 복잡할 것 같지만, 실은 아주 간단한 것에서 그 실마리를 찾을 수 있다. 그것은 루터가 잡았던 단어, 곧 '회개하라'는 것이다.

여기서 회개란 저항하는 것이다. 신을 만들고자 하는 자신의 욕망에 저항하는 것, 만들어진 신을 하나님으로 섬기려 하는 어리석음에 저항하는 것, 나를 따르라는 만들어진 신의 요구에 저항하는 것, 망상의 동굴을 천국으로 여기게 하는 교리와 신학에 저항하는 것이 바로 회개이다.

망상의 신화에 빠진 목회자도 회개하라는 말을 진지하게 성찰해야 한다. 그래서 만들어진 신으로 등극하고자 하는 욕심에 저항해야 하고, 신자들을 자신의 추종자로 만들려는 독재의 유혹에 저항해야 하며, 더 큰 교회, 더 많은 사례비, 더 좋은 차를 타려는 속물적인 근성에 저항해야 하며, 하나님의 말을 듣는 것보다 자신의 말을 듣는 것을 더 좋아하도록 부추기는 사탄의 속살거림에 저항해야 한다. 이런 저항이 바로 내적 성찰을 통한 회개이다.

망상의 교리를 만드는 신학자도 회개하라는 요구에서

자유롭지 않다. 많이 배웠다는 교만함에서 나오는 생각의 폭력적인 주입을 당연한 것으로 여기는 목의 굳어짐에 저항해야 한다. 이런저런 문제에 결정적인 답을 주는 위치에 있으려는 특별 의식에 저항해야 한다. 만들어진 신들을 찬양하고 고무하며 그들의 상에서 떨어지는 부스러기라도 주워 먹으려 그들의 주변에서 어슬렁거리는 어용학자의 습성에 저항해야 한다. 망상의 동굴로 불려 다니며 받는 특강 비를 은근히 즐기는 거지 근성에 저항해야 한다. 무엇보다 교단 신학을 내세워 성경을 해석하거나, 성경의 뜻을 교단 신학의 범주 안으로만 축소하려는 노예근성에 저항해야 한다.

    교회 또한 집단으로 젖어 있는 전통에 저항해야 한다. 이러한 전통이 성경의 의미를 비틀고, 왜곡하고, 잘못 해석하게 하는 실마리를 제공할 경우, 더욱더 저항해야 한다. 뿐만 아니라 교회는 익숙해 있는 관행에 철저하게 저항해야 한다. 관행이 교회를 망상의 동굴로 만드는 주범이기 때문이다. 물론 이런 관행에 저항해야 하는 것은 너무도 거대한 담을 세운 교단들도 마찬가지다. 관행이 모든 것을 결정하는 괴물이 될 때, 교회도 교단도 더는 성경의 하나님과는 상관이 없는 돌연변이가 될 뿐이다.

개인이든, 교회 공동체든 일그러진 관행에서 벗어나는 것이 바로 회개요, 이런 회개는 저항의 성격을 가지지 않을 수 없다. 그리고 이 저항의 방향이 옳은 곳을 지향하기 위해서 우리는 무엇보다 성경과 이성의 소리를 끊임없이 들어야 한다. 이 소리에 근거하여 갖가지 망상의 관행을 만들어내는 괴물에 저항하는 것, 이것은 하나님 신앙의 또 다른 이름이 아닐까? 이런 저항이 관행의 망상에 찌들어 있는 한국교회를 해방하고 자유롭게 하는 영성이 아닐까? 한국교회의 희망에 대해 말하기 위해 우리는 루터처럼, '거짓 희망에 맞서는' 저항의 길을 가야 하지 않을까? 박노해가 말하듯, '눈물 어린 저항이 희망의 시작'이 아닐까? 이를 위해 루터와 함께 '유쾌한 회개'를 하며, 하나님은 물론 나의 또 다른 나인 타자와 바른 관계를 형성하는 믿음의 길을 가자.

III. 목회자의 특권 의식을 허물다

1. 파계破戒를 다르게 읽는 독법讀法

"하나님이 종교개혁 시대에 자신의 종 마르틴 루터를 통해 순수하고 값비싼 은혜의 복음을 다시금 일깨우셨을 때, 루터에게 수도원을 거쳐 가게 하셨다. 루터는 수도승이었다. 그는 모든 것을 버렸으며, 그리스도를 완전히 순종하면서 따르고자 하였다. … 수도원으로의 부름은 루터에게 그의 전 생명을 걸게 하였다.

그런데 루터는 하나님에게로 가는 길에서 실패하였다. 하나님이 성서를 통해 그에게 보여주신 것은 예수의 제자가 되는 길이 특별한 개인의 공로적인 행위가 아니라, 모든 그리스도인을 향한 하나님의 계명이라는 사실이었다. 이 뒤따름의 겸손한 활동이 수도원에서는 특별한 자들의 공로 행위로 변질하고 말았다. 여기서는 뒤따름이라는 자기 부정이 경건한 자들의 영적인 자기 드러냄으로 변질하고 말았다. 이를 통해 세상이 바로 수도 생활의 중심으로 파고들었고, 가장 위험한 방법으로 수도 생활을 움직이게 하였다. 수도

승의 세상도피는 오히려 가장 정교한 세상 사랑
이라는 사실이 드러났다.

경건 생활의 마지막 가능성이 좌절된 가운데서
루터는 은혜를 붙잡았다. 그는 우리의 행위가 아
무리 선한 삶 속에서 행해진다고 할지라도 아무
것도 아니라는 확신 속에서 이 은혜를 붙잡았
다. 그에게 선물로 주어진 이 은혜는 값비싼 은
혜였다. 이것은 그의 전 실존을 갈기갈기 찢었다.
그는 또다시 자신의 그물을 버리고 따라야 했
다. 그가 수도원으로 들어갔을 때, 그는 모든 것
을 버렸다. 그러나 자기 자신만은, 자신의 경건하
고자 하는 자아만은 버리지 않았다. 그런데 이제
이것까지도 버려야 했다. … 루터는 수도원을 떠
나 세상으로 되돌아와야 했다. 세상 자체가 선하
고 거룩해서가 아니라, 수도원도 세상과 다른 것
이 하나도 없었기 때문이었다.

수도원을 떠나 세상으로 되돌아와야 했던 루터
의 발걸음은 성서 시대의 기독교 이래 세상에 가
해진 가장 강력한 공격이었다. 수도승이 세상을
향해 던졌던 거부는 세상이 자기 속으로 되돌아

온 자를 통해 경험한 거부에 비하면 어린아이의 놀이에 불과했다. 이제 공격은 전면적으로 개시되었다. 예수를 뒤따름은 이제 세상 한복판에서 실천되어야 했다. 수도원적 삶이라는 특별한 상황에서 행해지고, 수도원이라는 울타리 안에서 그나마 좀 쉽게 행해질 수 있었던 특별한 행위가 이제는 세상 속에 있는 모든 그리스도인에게 주어진 요청이요, 계명이 되었다. 예수의 계명에 대한 철저한 순종은 일상의 직업적 삶에서 행해져야 했다. 이를 통해 그리스도인의 삶과 세상의 삶 사이의 갈등은 예측할 수 없는 방법으로 깊어졌다. 그리스도인은 몸으로 세상과 부딪치게 되었다. 이것은 백병전이었다."『나를 따르라』, 39-41

본회퍼는 책상에 앉아 신학을 생각해내고, 그것을 사변적인 언어로 살을 입혀 고급스럽게 파는 말쟁이도, 글쟁이도 아니었다. 그는 자신의 신학을 삶으로 살아내고자 예수와 함께 영문 밖으로 나가는 목사요, 신학자였다. 그래서일까? 그의 루터 독법은 루터의 글과 말에 묻어 있는 치열한 삶의 분투를 읽어내는 것이다. 영광의 신학이 좌판을 지배하고 있던 시대정신에 삶으로 저항하며, 십자가 신학이 그리스도를 따르는 유일한 신학이라고 삶으로 외치던 루터를 그는 읽어내고 있다. 개신교에서 값비싼 은혜가 값싼 은혜로 전락한 것은 루터의 삶은 외면하고 그의 말만 받아들이고, 그의 말만 되뇐 결과라는 것이다. 뒤따름과 함께 이야기되던 값비싼 은혜가 뒤따름이 없는 값싼 은혜로 전락한 결과는 불가피하게도 "조직화한 교회의 붕괴"를 낳았다는 것이다.

그렇다면 값비싼 은혜를 값비싸게 살아낸 루터의 삶이란 어떤 모습인가? 먼저 본회퍼가 본 것은 세상을 버리고 수도원으로 들어간 루터의 삶과 이 수도원을 떠나 세상으로 되돌아온 루터의 삶 사이에 달라진 것이 없다는 것이다. 물론 달라진 것은 있다. 그것은 삶을 하나님의 은혜를 받기 위한 전제조건으로 삼지 않고, 하나님의 은혜를 받은 결과로 받아들인 것이다. 그러나 본회퍼의 눈에는 전제로 삼던 수도원 안의 삶과 결과로 삼던 수도원 밖의 삶 사이에 그 어떤 질적 차이도 없는 것으로 보였다. 바로 이것이 세상을 향한 전면적인 공격으로 이해된 것이다. 뒤따름이 수도원에 들어간 자들만의 특별한 삶의 방식이 아니라, 수도원 밖의 세상에 사는 모든 사람이 각자 자기 삶의 자리에서 수행해야 하는 피할 수 없는 짐이 되었기 때문이다. 루터를 이렇게 읽어낸 본회퍼는 그래서 다음과 같이 말할 수 있었다.

> "루터가 순수한 은혜의 복음을 발견함으로써 세상 안에서 예수의 계명에 순종할 필요가 없다는 사실을 선포했다고 생각하는 것보다 더 비극적인 오해는 없을 것이다. 그리스도인의 세상 직업은 오직 세상에 맞서 치열한 저항을 선언함으로써만 정당성을 얻게 된다. 그리스도인의 세상 직업은 오직 그리스도의 제자직 안에서 수행될 때에만 복음으로부터 새로운 권리를 획득할 수 있다. 루터가 수도원을 뛰쳐나왔던 것은 죄를 의롭다고 인정하기 위해서가 아니라 죄인을 의롭다고 인정하기 위해서였다. 루터에게 값비싼 은혜가 선물로 주어졌던 것이다. … 이러한 은혜를 붙잡기 위해 루터는 자신의 생명을 걸었고, 날마다 생명을 걸었다는 사실을 깨달았다. 왜냐하면 그는 참으로 은혜를 통해 제자가 되는 것을 면제받았던 것이 아니라, 이제야 비로소 제자가 되도록 부름

을 받았기 때문이다. 은혜를 통해 비로소 그리스
도에게 완전히 순종할 수 있었다."『나를 따르라』,41-42

　사실 사람들의 '비극적인 오해'는 값비싼 은혜를 삶으로
살아내는 것에 부담을 느낀 자기 합리화와 은혜를 가장 값
싸게 얻는 방법에 끌리는 '종교적인 본능'에 근거한다. 키르
케고르의 말로 표현하면, 뒤따름이 없는 은혜라는 또 다
른 면죄부를 팔고 사는 '세속적인 습성' 말이다. 루터가 수
도원의 담을 헌 것은 이런 종교적인 본능에 사로잡혀 있
는 인간에 대한 전면적인 공격이요, 이런 세속적인 습성을
이용하여 사람들을 종으로 부리고 있는 교회 문화와 백병
전을 치르고자 한 것이다. 값없이 주어진 하나님의 은혜가
값비싸게 자리매김하는 곳은 다름 아니라 각자가 사는 세
상 속 삶의 자리이다. 이것을 분명히 하기 위해 루터는 수
도원 안에서만이 아니라, 수도원 밖에서도 자신의 생명을
거는 삶을 살았다.

　그런데 수도원의 세속화와 세속의 수도원화를 건강하게
이루기 위해 선행되어야 하는 것이 있었다. 한편으로는 성
직자 우월주의를 파괴하는 것이고, 다른 한편으로는 영적
인 모든 것을 성직자들에게 미루는 평신도들의 의식을 바

꾸는 것이었다. 이제 그것을 어떻게 하였는지 살펴보자.

2. 성직자들이 쌓은 여리고 성, 나팔 소리를 만나다

2.1 영적 권위^{auctoritas}와 세속적 권력^{potestas}

누가복음 22장에서 '검이 없는 자는 옷을 팔아서 사라'는 주님의 말씀에 한 제자가 '검이 두 자루가 있다'고 대답한다. 교회 전통은 이 이야기에서 하나님께서 세상을 다스리시기 위해 '영적인 검'과 '세속적인 검'을 사용하신다는 '두 검 이론'을 도출한다. 문자 너머에 있는 하늘의 진리를 읽어내는 영적인 혜안일까, 아니면 성경의 문맥도 파악하지 못하는 우둔함의 소치일까?

로마의 감독으로 있던 겔라시우스^{Gelasius} 1세가 동로마 황제에게 보내는 편지인 '두오 순트'$^{Duo\ sunt}$(두 개가 있다)에 나오는 이 이론은 영적인 권위가 세속적인 권력 위에 있다는 성직자 우월의식이 그 바탕에 깔려 있다. 이 우월의식은 교황을 태양으로, 세속 군주를 달로 비유하며 후자가 전자에게서 권력을 받는다는 주장으로 발전한다. 이런 성직자

그림 34: 그리스도가 교황과 황제에게 각각 영적이고, 세속적인 권력을 상징하는 칼을 부여하는 모습으로 한스 보르네만H.Bornemann이 '두 검 이론'을 그림으로 표현한 것이다. 1220-35년 사이에 만들어진, 독일에서 가장 오래된 법령서 중의 하나로 간주하는 작센 법전Sachsenspiegel 중 1442-48년 사이에 필사된 뤼네부르크Lueneburg 소장본에 나오는 그림이다.

의 상석 지키기는 1302년 교황 보니파티우스^{Bonifatius} 8세의
'우남 상탐'^{Unam Sanctam}에서 절정에 달한다. '영적인 검'과 '세
속적인 검', 이 두 검 모두 교황의 소유라는 주장이 제기된
것이다. '세속적인 검'은 교황이 자신의 명령에 따라 그것을
사용하도록 군주에게 위탁한 것이지, 군주에게 속한 것이
아니라는 것이다.

세상을 지배하는 권력까지 다 소유해야 교회의 수장이
라는 자리도 지킬 수 있었던 것일까? 그런데 세속적인 권
력까지 지배하려고 하면 할수록, 영적인 권위가 왜소해진
것은 왜일까? 교황이 수찬 금지와 파문과 이단으로의 정죄
라는 무기로 세상을 협박하면 할수록, 자율성을 향한 세상
의 움직임이 거세지는 것은 왜일까? '국왕 폐하의 칼은 강
철로 만들어져 있다. 그러나 교황의 칼은 말뿐이다'라는 표
현이 보여주듯이, 교황의 권력의지를 비웃는 말들이 새 시
대를 예고하고 있었다.

2.2 거룩한 비판

이 예고는 마르실리오 다 파두아^{Marsilio da Padova}에게서 큰
전환점을 맞는다. 1324년에 출판된 '평화의 수호자'^{Defensor}

Pacis에서 그는 성직자들이 일반 신자보다 결코 우월한 존재가 아니며, 신자들의 공동체를 대표하는 것은 교황이 아니라 교회 공의회라고 주장한다.

이런 주장은 존 위클리프J. Wycliffe에 의해 더욱 날이 선 비판으로 교황을 향한다. 교황을 적그리스도라 원색적으로 비난하기 때문이다. 그 결과 그는 1384년에 이미 죽었음에도 불구하고 1415년 콘스탄츠Konstanz 공의회에서 이단으로 정죄 된다. 이 공의회는 위클리프의 무덤을 파 남아 있는 뼈들을 화형에 처하라는 끔찍한 결정까지 내린다. 이 화형식은 1428년에 이루어진다.

그림 35: 위클리프의 관을 열어 남은 뼈를 화장하는 그림. 존 폭스의 '순교사'에서

교황을 향한 위클리프의 비판은 1383년 말에서 1384년 초에 기록된 것으로 간주하는 '그리스도와 그의 적대자 적 그리스도에 대하여'^{De Christo et suo adversario antichristo}에 요약적으로 잘 나타난다. 그의 비판의 저변을 관통하는 것은 사도적 청빈이다. 교황의 보좌, 즉 베드로의 보좌에 앉는 자는 베드로 처럼 금과 은을 소유하지도, 탐하지도 않고 가난한 삶을 살아야 한다. 겸손한 삶 또한 교황이 따라야 할 그리스도의 선한 모범이다. 이러한 관점에서 정치적인 수단을 이용하여 사람들을 통솔하고 이용하고자 하는 교황의 권력욕과 사치스러운 삶을 비판한다. 이 비판의 끝자락에서 그는 그리스도와 교황의 12가지 차이점을 첨예하게 대립시킨다.^{De Christo,52-58}

1. 그리스도는 진리이시다. 그러나 교황은 말과 글과 행위에 있어서 허위와 거짓말의 괴수다.

2. 그리스도는 빈곤 속에 사셨다. 그러나 교황은 세상의 화려함을 추구한다.

3. 그리스도는 온유와 겸손을 체화하셨다. 그러나 교황은 그의 적들에게 십자군을 보내며 우월감과 잔인함을 보여준다.

4. 그리스도의 법은 완벽하고 충분하다. 그러나

교황은 신자들을 억누르는 새로운 잔인한 법들을 도입한다.

5. 그리스도는 선교적인 열정을 촉구하셨다. 그러나 교황과 그의 추종자들은 아주 멋진 궁전에서 다스리거나, 자신을 수도원 안에 가둔다.

6. 그리스도는 세속 권력을 사양하셨다. 그러나 교황은 모든 지상 왕국에 대한 지배권을 주장한다.

7. 그리스도는 황제에게 복종하시고 주민세를 내셨다(마태복음 17:24-27). 그리고 제자들에게 황제에게 속한 것은 황제에게 주라고 가르치셨다. 그러나 교황은 세속 권위를 뒤집어엎고 약화한다.

8. 그리스도는 열두 명의 정직하고, 평범하고, 가난한 자들을 제자로 선택하셨다. 그러나 교황은 교활하고, 야망이 있고, 세속적인 자들을 추기경으로 선택한다.

9. 그리스도는 자신의 제자들을 위해 고통을 받으셨다. 그러나 교황은 전쟁을 부추긴다.

10. 그리스도는 (갈릴리와 사마리아를 포함하는)

유대 땅에서만 복음을 전하셨다. 그러나 교황
은 자신의 힘을 팽창하기 위해 모든 나라로
그의 사절을 보낸다.

11. 그리스도는 (지배자로서의) 거창한 의식 없이
사셨다. 그러나 교황은 훌륭한 궁궐을 가지고
있고, 자신에게 경의를 표할 것을 요구한다.
심지어 황제에게도 말이다.

12. 그리스도는 세속적인 명성과 부를 경멸하셨다.
그러나 교황은 모든 것을 팔 수 있는 것으로
간주한다.

교황을 적그리스도라 부르는 위클리프의 거침없는 행보
는 체코의 얀 후스[.Hus]에게 영향을 미친다. 그는 '교회에 대
하여'[De ecclesia]에서 교황의 무오설을 부인하며, 교황이 세상
의 부에 눈이 어두워 성직매매로 돈을 긁어모으는 데 혈
안이 되어 있다고 비판한다. 위클리프를 따라 배교와 신
성 모독과 성직 매매를 이단으로 간주하는 그의 눈에 성
직매매를 하는 교황은 이단자일 수밖에 없다. 진정한 회개
가 없는 데도 돈을 받고 죄 사함을 주는 면죄부 판매도 일
종의 성직매매이기에 그의 날 선 비판을 피해갈 수 없었다.

일반적으로 교황에게 부여되던 '지상에서 가장 거룩하신 아버지'란 호칭은 탐욕스럽고 교만하게 사는 자인 교황에게 해당할 수 없다. 거룩하게 사는 자, 곧 그리스도를 가난과 겸손과 평화와 순결함 가운데 따르는 자에게 합당한 호칭이다. 교황에 대해 이런 날 선 대립각을 세우는 후스는 콘스탄츠 공의회에서 이단으로 선고를 받고, 화형을 받는다. 화형을 앞둔 그의 입에 후대의 사람들은 이런 전설을 담는다.

'너희들은 오늘 거위 한 마리를 불태우지만, 이 재로부터 백조 한 마리가 부활할 것이다.'

'후스'라는 말이 체코 말로 '거위'를 뜻한다고 한다. 백조를 자신의 상징으로 삼은 루터는 한 세기 전의 거위를 높게 평가하며, 그의 거룩한 비판에 동참한다. 1519년에 있었던 라이프치히 논쟁에서 루터는 그곳에 참석했던 후스 지지자들에게 후스의 '교회에 대하여'를 읽고 싶다고 청한다. 전해 받은 책을 읽은 루터는 자신의 가르침이 후스의 가르침과 일치하며, 그것을 알지 못하고 가르쳤다고 고백한다. 그리고 명백하고 참된 복음이 이미 100년 전에 공개적으

그림 36: 울리히 리헨탈U.Richental이 기록한 '콘스탄츠 공의회 연대기'에 나오는 후스의 첫 번째 화형 장면. 위는 수도복을 벗기는 모습이고, 아래는 화형 장으로 끌려가는 모습이다. 후스는 콘스탄츠로 갈 때와 머물 때, 그리고 다시 돌아갈 때까지 신성로마제국의 왕 지기스문트Sigismund에게서 확실한 안전보장salvus conductus을 받았다. 그러나 1414년 11월 28일에 체포되어 7개월 이상이나 구금된 뒤, 1415년 7월 6일 오전에 이단으로 정죄되고, 오후에 화형을 당한다. 마지막 화형장에서도 자신의 주장을 철회하라는 요구를 거절하고 후스는 죽음의 길을 간다.

그림 37: 울리히 리헨탈은 후스의 화형식을 직접 목격하였다. 1415년 7월 6일 오전에 있었던 심문 과정과 화형 장으로 끌려가는 장면과 화형식 진행 과정을 비교적 상세히 기록한다. 위의 그림은 라틴어로 '이단의 우두머리다'^{Heresiarcha}라는 글이 쓰여 있는 종이 관을 쓰고 화형당하는 모습이고, 아래 그림은 그의 재를 라인강에 뿌리는 모습이다.

로 소각되었고, 지금도 여전히 정죄되고 있으며, 누구도 그를 지지하면 안 되는 상황이라고 한탄한다. 그래서일까? 루터는 1520년 초에 후스의 책을 인쇄하게 하는데, 이것이 후스의 '교회에 대하여'를 최초로 인쇄한 것이다.

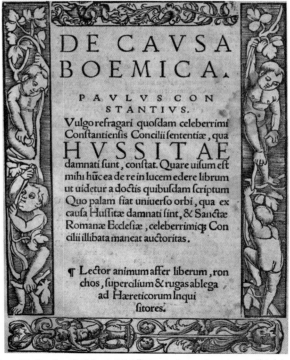

그림 38: 루터는 후스의 책을 하게나우Hagenau에 있는 토마스 안스헬름Th.Anshelm에게 2,000권을 인쇄하게 하였다. 그런데 제목을 바꾸어 '보헤미아인 파울루스 콘스탄티우스 소송사건'이라는 제목으로 출판한다. 위 목판화는 그 초판본의 표지이다.

그림 39: 위 목판화는 '거룩한 스승 얀 후스에 대하여'O Swatem Mistru Janowi Husy라는 제목을 가진 2절판의 대형 전단지의 오른편에 나오는 것으로 종교개혁자들의 족보를 그리고 있다. 맨 왼쪽에는 위클리프가 나온다. 그는 무릎을 꿇고 불꽃을 일으키기 위해 두 돌을 비비고 있다. 다음으로 후스가 나온다. 그는 오른손으로는 위클리프가 일으킨 불꽃으로 작은 나뭇가지에 불을 붙이고, 왼손으로는 촛불을 뒤에 나오는 사람에게 전하고 있다. 이 뒷 사람이 바로 루터다. 그는 오른손으로는 후스가 전해주는 촛불에 좀 더 큰 나무로 불을 붙이고, 왼손으로는 더 큰 나무에 붙은 불을 뒷 사람에게 전해준다. 마지막 사람은 멜랑히톤으로 큰 나무로 루터가 전해주는 횃불에서 불을 붙이고 있다. 이 전단지는 1560년 이후에 만들어졌다. 맨 오른쪽 하단에 나오는 후스를 제외한 다른 세 사람에 대한 간략한 정보에서 멜랑히톤이 1560년에 죽은 것으로 나오기 때문이다.

그림 40: 종교개혁 100주년을 기념하는 1617년에 그린 선제후 현자 프리드리히^{Friedrich der Weise}의 꿈. 거위로서 화형을 당하는 후스(오른쪽 아래)의 예언이 루터(왼쪽 아래)를 통해 성취되었음을 상징적으로 묘사한다.

가운데 사자의 형상을 한 교황 레오 10세가 루터를 잡아먹을 기세를 취하고 있는 반면에, 그 옆에 있는 멜랑히톤은 루터가 비텐베르크 슐로쓰교회 문에 적고 있는 면죄부 비판을 가리키고 있다.

3. 루터, 조작된 교리에 맞서다

3.1 화폭에 담긴 만인 사제직

루터가 설교하던 슈타트교회에는 크라나흐[L.Cranach] 부자[父子]가 그린 제단화를 비롯해 몇 개의 그림이 걸려있다. 그중

그림 41: 크라나흐 2세가 1569년에 그린 슈타트교회의 포도원 그림

에 제단 뒤편에 있는 파울 에버^{P.Eber}의 비벽^{碑壁}에 크라나흐 2세가 그린 그림이 있다. 예수님의 비유 중 제삼 시, 육 시, 구 시, 십일 시에 품꾼으로 고용된 사람들이 똑같이 한 데나리온씩 받는 비유를 그린 것이다.

그림 42: 크라나흐 2세가 1582년에 그린 잘츠베델^{Salzwedel} 제단화

포도원의 왼쪽 부분은 로마-가톨릭 사람들이 일하고 있고, 오른쪽 부분은 개신교 신학자들이 일하고 있다. 왼쪽 부분은 황폐하고, 오른쪽 부분은 잘 가꾸어진 포도원으로 그려지고 있다. 재미있는 것은 왼쪽의 맨 앞쪽에 교황을 선두로 하여 여러 주교와 사제들이 품삯을 받는 장면이 나온다. 그런데 한 데나리온을 받은 교황이 어이없다는 듯 놀란 표정을 짓는다. 이 땅에 있을 때도 어마어마한 대리석으로 호화로운 궁전에 살며 수많은 사람에게 경의와 찬양을 받아 온 교황에게 있어서 자신을 이름도 영화도 없는 거지 나사로와 동일시하는 하나님을 이해할 수 없다는 표정이다.

성직의 길을 간다는 이유로 평신도보다 더 나은 상급을 받는 것이 아니라, 하나님 앞에서는 모두가 똑같이 한 데나리온 인생이라는 것을 생생하게 표현해주고 있는 이 그림은 루터가 제창한 만인 사제직을 그 배경으로 하고 있다. 루터는 교황과 갈등하게 되면서 영적인 권위가 세속 권력 위에 있다는 성직자 우월의식과 첨예하게 부딪힌다. 그리고 만인 사제직이라는 이론을 교회개혁의 무대 위로 올린다.

3.2 만인 사제직: 세례를 받고 믿는 자라면!

중세 교회를 지배한 이 성직자 우월의식에서 신학자 루터도 자유로울 수 없었다. 그가 수도원으로 들어간 배경에는 이런 위치에 이르면 구원에 이르는 문이 더 넓을 것이라는 소망이 깔려 있었기 때문이다. 그런데 수도원 삶을 살며, 성경을 연구하던 젊은 루터에게서 성직자 우월주의에 문제를 제기하는 소리가 들린다. 만인 사제직의 초기 형태라 할 수 있는 그의 말을 직접 들어보자.

> "고위 성직자의 입에서 나오거나, 또는 선하고 거룩한 사람의 입에서 나오는 모든 말씀은 그리스도의 말씀이다. 그분은 '너희 말을 듣는 자는 곧 내 말을 듣는 것'이라고 누가복음 10장 16절에서 말씀하셨다."『루터:로마서강의』,208-09

말씀의 선포와 관련해 목회자와 평신도 사이에는 질적인 차이란 없다는 것이다. 교황의 입에서 선포되는 말씀이라고 해서 무슨 특별한 차원을 갖는 것이 아니다. 아주 미미한 신자의 입에서 선포되는 말씀과 똑같은 차원의 말씀일 뿐이다. 목회자의 입장에서는 드러내 놓고 인정하고 싶은 말은 아니다. 설교자로서의 권위가 흔들릴 수 있기 때문이다. 그만큼 오늘날의 많은 목회자도 성직자라는 특권 의식에 사로잡혀 있는 것이 사실이다.

만인 사제직에 대한 루터의 견해는 95개 논제를 발표한 이후 계속되는 로마 교황청과의 논쟁을 거쳐 1520년에 이르자 보다 분명한 자신의 색깔을 가지게 된다. 그 대표적인 결실이 같은 해에 발표된 『독일 기독교 귀족들에게 보내는 글』이다. 여기서 그는 교황의 권위를 견고하게 쌓은 중세의 세 가지 담을 비판한다. 첫 번째는 영적인 권위가 세속 권력보다 더 높다는 담이다. 두 번째는 교황만이 성서를 해석할 권한이 있다는 담이다. 세 번째는 교황만이 공의회를 소집할 권한을 가진다는 담이다. 교황을 최고의 상석에 앉히는 계층 구조적인 성직 제도라는 담으로 인해 전체 기독교계가 타락하게 되었다고 꿰뚫어 본 루터는 이렇게 말한다.

"교황, 주교들, 사제들, 그리고 승려들을 '영적 계
급'이라고 부르고, 군주들, 영주들, 직공들 및 농

부들을 '세속적 계급'이라고 부르는 것은 조작된
것이다. 이것은 완전한 거짓과 위선이다. 아무도
이 점에 대하여 놀라서는 안 된다. 모든 그리스
도인은 '영적 계급'에 속하며, 그들 사이에는 직
무상의 차별 외에 아무것도 없다."[WA6, 407]

루터에 의하면 성직자와 평신도를 나누는 것은 조작된
것이다. 그런데 이런 조작된 구분이 아직도 교회 내에 존재
한다. 상명하복이라는 문법이 지배하는 조직문화에 익숙해
있는 그리스도인들에게는 목사는 주군이고, 신자는 주군
을 섬기는 대가로 하늘의 상을 약속받은 봉신이라는 봉건
적인 사고가 여전히 남아 있다. 이런 사고를 낳게 한 조작
된 교리와 제도에 루터는 이의를 제기하며 이런 구분의 담
을 헐어버린다. 이러한 그의 생각이 그가 설교하던 슈타트
교회의 가운데 제단화에 잘 나타나 있다.

이 제단화의 독특한 점은 마지막 만찬의 자리에 예수님
과 사도들만 있는 것이 아니라, 크라나흐의 그림이 늘 그렇
듯 비텐베르크의 사람들도 있다는 것이다. 예수님 오른쪽
으로 가룟 유다와 바울이 나오고, 루터의 첫 번째 완역 독

그림 43: 슈타트교회 제단화로 세 단으로 이루어져 있다. 왼쪽에는 멜랑히톤이 유아세례를 주고 있고, 오른쪽에는 1523-27년에 이 교회의 사제로 사역한 요하 네스 부겐하겐이 참회하는 자에게 사죄 선언을 하는 모습이 그려지고 있다.

그리고 세례를 받고 참회를 한 자에게 주어지는 성만찬이 가운데 나온다.
종교개혁자들의 성례전 신학을 반영하고 있는 이 제단화는 크라나흐 1세
가 1547-48년 사이에 그린 것으로 간주한다.

일어 성경(1534년)과 책들을 인쇄한 비텐베르크의 출판업자 한스 루프트[H.Lufft]가 나온다. 그다음으로 루터가 나오는데 바르트부르크에 숨어 지내던 융커 외르크의 모습이다.

이렇게 비텐베르크의 사람들이 베드로를 위시해 사도들과 같은 식탁에 둘러앉을 수 있다는 것은 그들과 그 어떤 영적 차이도 없다는 것을 표현한 것이다. 식탁과 의자가 원형으로 되어 있다는 것도 자리와 관련하여 그 어떤 상석도 말석도 없다는 것을 상징한다. 이렇듯 비텐베르크의 시민들이 참여하는 슈타트교회의 제단화는 루터의 만인 사제직을 그 배경으로 하고 있다.

이 제단화에서 또 한 가지 흥미로운 것은 원탁 의자 밖 젊은이의 모습이다. 얼굴의 생김새로 보아 그는 크라나흐의 아들로 보인다. 그런데 그는 루터에게서 잔을 전해 받고 있다. 이것은 성만찬에서 일반 신자도 잔을 받는다는 것을 표현해준다. 동시에 슈타트교회는 교황청의 바벨론 포로에서 돌아온 교회임을 선언하는 상징이기도 하다. 실제로 이 교회에서 개신교 최초로 독일어 미사가 진행되었고, 성만찬에서 빵과 포도주를 나누어주는 이종배찬[二種陪餐]도 최초로 실시되었다.

그림 44: 크라나흐 1세가 그린 이 그림의 독특한 점은 오른쪽에 빵을 나누어주는 자로 얀 후스가 나오고, 왼쪽에 잔을 나누어주는 자로 루터가 나온다는 것이다. 성만찬에서 이종배찬을 해야 한다는 후스의 주장에 루터가 동의할 뿐만 아니라, 실제로 잔을 나누어주는 개신교 특유의 예전을 도입하였음을 상징적으로 나타내고 있다.

슈타트교회 제단화의 왼쪽 날개에는 멜랑히톤이 유아세례를 주는 모습이 그려져 있다. 오른쪽 날개에는 슈타트교회의 목사이던 부겐하겐이 고해를 받는 모습이 그려져 있다. 이 두 날개는 성만찬을 받기 위해 세례를 받아야 하고, 회개해야 한다는 신학적 모형을 따른 것이다.

그런데 여기서 세례는 또 다른 의미를 가진다. 세례를 받은 자는 영적인 질서에 있어서 베드로를 비롯해 사도들과 같은 위치에 있는 자가 된다는 것이다. 바로 이러한 사실을 루터는 다음과 같이 말한다.

"세례의 물에서 나오는 사람은 누구나 이미 성별된 사제이고, 주교이고, 교황이라고 자랑할 수 있다. 비록 외관으로는 모든 사람이 다 그 직무를 수행해서는 안 될 것처럼 보인다고 할지라도 말이다." WA6,408

모두가 영적인 제사장이라는 주장이 근거를 갖는 최소한의 조건은 세례다. 세례를 받은 모든 사람은 다른 형제자매의 참회를 들을 수 있고, 죄를 용서해줄 수 있는 권한이 있는 제사장이다. 이것이 루터의 기본적인 입장이다.

그런데 당시의 세례란 무엇인가? 유아 세례다. 어린 아
기가 신앙이 있어서 세례를 받는 것인가? 아니면 부모의
대리 신앙에 근거해 세례를 받는 것인가? 이런 문제에 대
해 명확한 입장을 표명하지 않는 루터는 유아 세례만으로
도 영적 제사장이 된다는 말에 부담을 느낀 것 같다. 왜냐
하면 만인 사제직의 최소 조건을 세례로 언급하지만, 동시
에 믿음과도 관련을 시키기 때문이다. 여기에는 '세례와 믿
음' 사이에 존재하는 긴장 관계도 염두에 둔 것 같다. 1520
년에 행한 '신약성서에 관한 설교'에서 그는 만인 사제직과
신앙의 관계에 대해 다음과 같이 말한다.

> "신앙이 모든 것을 해야 한다. 신앙만이 참된 제사
> 장적인 직임이다. 그것을 대체할 수 있는 어떤 것
> 도 허용되지 않는다. 그러므로 모든 그리스도인
> 은 젊은이건 노인이건, 주인이건 종이건, 남자건
> 여자건, 배웠든 혹은 배우지 못했든 간에 제사장
> 이며, 모든 여인은 여사제이다. 신앙이 다르지 않
> 다면, 거기에는 아무런 차이가 없다."[WA6,370]

세례와 함께 믿음은 영적인 제사장이 되는 조건이다. 믿

기만 하면 제사장이 되는 것이다. 그렇다면 믿지 않는 자는 어떻게 되는가? 예수님의 말씀에 의하면, 아무리 대제사장이라고 할지라도, 아무리 성경을 많이 아는 율법 학자라 할지라도, 아무리 하나님에 대한 열심이 남다른 경건한 자라고 할지라도 믿음이 없는 자가 될 수 있지 않은가? 이런 비유적인 표현이 루터에게서도 나온다. 아무리 베드로를 계승하는 교황이라고 할지라도, 아무리 신학을 많이 아는 박사라 할지라도, 아무리 수도원적인 삶을 사는 경건한 자라 할지라도, "믿음이 없는 자는 제사장이 아니다."[WA12,316] 베드로를 계승하는 자가 아니라, 그리스도를 믿는 자라야 "거룩한 영적 제사장이며, 참된 그리스도인이요, 반석 위에 세워진 사람"이다.[WA12,307]

간단한 말이지만, 사실 두려운 말이다. 목회자라고 하여 반드시 믿음이 있는 것이 아니기 때문이다. 그리스도를 믿지 않는 데도 제사장의 일을 잘하는 자로 간주하는 세상이기에 더더욱 두려운 말이다. 어쩌면 그리스도에 대한 믿음이 없기에 교회를 그리스도의 몸이 아니라, 자신의 왕국으로 만드는 것은 아닐까? 그리스도에 대한 믿음이 없기에, 하나님 나라가 아니라 당회장 나라가 임하고, 당회장의

뜻이 이루어지기를 갈망하는 것은 아닐까? 그리스도에 대
한 믿음이 없기에 그리스도의 법이 아니라, 자신의 목회철
학과 목회소신으로 교회를 경영하는 것은 아닐까? 오늘날
의 교회는 루터가 그렇게도 갱신하려고 몸부림쳤던 중세
교회를 어쩌면 그렇게도 빼닮았는지 모르겠다.

3.3 영적 제사장과 소명

루터는 '영적인 소명'과 '세속적인 소명'을 구별하는 스콜
라 신학의 전통을 잘 알고 있었다. 그런데 중세와는 달리
'영적인 소명'을 성직자로의 부름이 아니라, 모든 사람이 영
적인 제사장으로 부름을 받는 것으로 이해한다. 반면에 '세
속적인 소명'은 이 세상에서 다양하게 가지는 직업으로의
소명을 말한다. 여기에는 목회자라는 직업도, 세상 관료라
는 직업도, 농부나 수공업자와 같은 평범한 직업도 포함된
다. 루터가 말하는 '세 신분' 중 어떤 신분에 속하고, 어떠한
일을 하든, 하나님으로부터 소명을 받은 일이라는 것이다.

루터의 이 소명론을 우리는 '베루프'^{Beruf}라는 독일어 단
어의 사용에서도 찾아볼 수 있다. 루터는 소명을 뜻하는

라틴어 단어 '보카치오'[vocatio]를 독일어로 번역할 때, '부르심'
이라는 뜻을 살려 'Beruf'라는 말로 번역한다. 그런데 이
단어는 세상에서 갖게 되는 '직업'을 의미한다. 루터는 소명
과 직업을 동일한 단어로 사용하는 것이다. 이를 통해 그는
각각의 사람이 가지는 직분은 그것이 수도원 안이든, 밖이
든 모두 하나님으로부터 소명을 받은 것임을 분명히 한다.

물론 모든 기독교인이 제사장이라는 말은 모든 기독교
인이 목회자의 직분을 가진다는 것을 의미하는 것은 아니
다. 이런 오해를 피하고자 루터는 그의 저서 『교회 목회자
를 세움에 대하여』에서 두 말을 구분하여 각각 다른 라틴
어를 사용한다. 사제라는 말을 위해서는 '사체르도스'[sacerdos]
라는 단어를, 목회자를 위해서는 '미니스테르'[minister]라는 단
어를 사용한다.

> "사제는 장로나 목회자와는 다른 것이다. 전자는
> 태어나며, 후자는 되는 것이다."[WA 12, 178]
>
> Sacerdotem non esse quod presbyterum
> vel ministrum; illum nasci, hunc fieri.

여기서 '태어나다'^{nasci}라는 말의 의미는 육체적으로 다시 남을 의미하는 것이 아니라, 세례에 의해 영적으로 새롭게 태어나며 창조되는 것을 의미한다. 다시 말해 세례를 통해 모든 믿는 자들은 영적인 제사장이 된다는 것이다.

그러나 세례를 받은 모든 믿는 자들이 목회자가 되는 것은 아니다. 목회자는 특별한 과정을 통해 '되는 것'^{fieri}이다. 이 말의 의미는, 1530년에 행한 시편 82편의 강해에 의하면, "소명과 명령이 목사와 설교자를 만든다"라는 뜻이다.[WA31I,211] 목회자의 직분은 소명과 하나님의 명령에 따라 받게 된다는 것이다. 이 말을 근거로 하여 루터가 성직이라는 직업을 일반 신자들이 세상에서 가지는 직업보다 더욱 고상하고 보다 영적인 것으로 간주한다고 해석해서는 안 된다. 루터에 의하면 목회로 소명을 받는 것과 세상에서 종사하는 직업으로 소명을 받는 것 사이에는 어떤 질적인 차이가 없기 때문이다.

성과 속을 구분하는 담을 헌 루터는 우리가 가지는 모든 직업은 하나님으로부터 받은 것이며, 그러기에 하나님 보시기에 바르고 진실하게 직업의 삶을 살아야 함을 강조한다. 이것은 우리가 가지게 되는 직업의 제반 의무들을 성실하게 준행할 것을 요청한다. 즉, 그리스도인은 이 세상에서 살아가는데 있어서 하나님으로부터 받은 소명이 무엇인지 정확하게 인식해야 하며, 위임된 그 일에 집중해야 한다는 것이다.

4. 신자의 실존: 영적 제사장으로서의 세상 속 수도사

하나님의 말씀이 하나님의 말씀으로 존재하는 곳은 수도원 안에서만 가능한 것이 아니다. 루터는 하나님의 말씀을 깊게 읽고, 삶으로 녹아내야 하는 수도원 안에서 오히려 하나님의 말씀이 왜곡되고, 변방으로 밀려나고, 결국 잊히는 실상을 경험하였다. 하나님 말씀의 상실은 곧 수도원의 부패로 이어졌음을 삶으로 체험하였다. 수도원의 타락은 전 기독교의 타락과 그 맥을 같이 한다. 그래서 수도원과 도서관에 갇혀 있는 하나님의 말씀을 해방하는 일에 주력한다. 이것을 자신의 삶으로 살아내기 위해 20년 가까이 걸쳤던 수도복을 벗어버리고 수도원 밖으로 나온다. 이 과정에서 그가 겪은 고난과 시련은 가벼운 것이 아니었다. 욥처럼 자신이 태어나지 않았더라면 더 좋았을 것이라는 실존적인 신음과 탄식이 끊이지 않는 길이었다. 그러나 그는 거대한 여리고 성을 향해 소리 내는 돌이 되어 수도원 밖에서 수도원 안의 삶을 살아낸다. 이것이 만인 사제직 이론이 담고 있는 본질적인 의미다.

이 의미를 우리는 바르게 되새겨야 한다. 우리는 말씀에 복종하고, 말씀의 탈을 쓴 거대한 세력에 저항하는 삶을 살아야 하는 세상 속 수도사다. 우리는 그리스도의 순종적인 죽음을 통해 우리에게 값없이 선물로 주어진 값비싼 은혜를 우리의 삶의 자리에서 삶으로 살아내야 하는 세상 속 수도사다. 이 값비싼 은혜를 값싼 은혜로 둔갑시키는 자신의 습관과 교회의 관행에 대해 치열하게 싸워야 하는 세상 속 수도사다. 우리는 하나님과 돈 장사를 하는 모든 성직매매를 우리의 삶의 자리에서 몰아내고, 쓰리지만 즐겁고 유쾌하게 자신의 내면을 성찰하는 세상 속 수도사다. 우리가 매일 걷는 세상 속 도상의 길에는 우리를 넓은 길로, 쉬운 길로, 편한 길로 가자는 유혹이 즐비해 있다. 이 길을 세상 속 수도사로서 바르게 걷기 위해 우리는 회개와 기도와 성경 읽기로 길을 닦고 또 닦아야 한다.

우리는 수도원 밖에서 수도원 안의 삶을 살도록 부름을 받은 영적 제사장이다. 이 제사장으로서의 삶을 제대로 살

아내는 것, 그것이 루터의 종교 개혁적 의미를 뜻깊게 새기
는 것이다. 그리고 세상을 지배할 뿐만 아니라 교회 안에
서도 주류로 자리 잡고 있는 비성경적인 관행에 저항하며,
교회를 살리는 성경의 소리에 복종하는 것이다. 이를 위해
루터는 수도원적 피안의 삶을 이 세상에서의 피안적 삶으
로 전화시키고 그런 삶을 살았다.

마지막으로 1944년 7월 21일 자로 친구인 베트게에게 보
내는 본회퍼의 편지를 인용하며 본 장을 마친다.

> "나는 지난 몇 년 동안 그리스도교의 차안성을
> 알고 이해하는 법을 배웠지. 그리스도인은 종교
> 적 인간이 아니라 인간 그 자체라네. 이는 마치
> 예수가 인간이었던 것과 같다네. 내가 말하는 차
> 안성이란 교양인이나 사업가, 게으른 자나 호색
> 가의 천박하고 비속한 차안성이 아니라, 완전히
> 성숙한 깊은 차안성과 죽음과 부활에 대한 인식
> 이 항상 현존하는 차안성을 말하지. 루터는 이러
> 한 차안성 속에서 살았다고 나는 믿고 있네."『나를
>
> 따르라』,689-90

IV. 교회, 너는 어디에 있는가?

1. 원수들 한가운데!

히틀러 정권의 교회 정책에 반대하여 형성된 고백교회
는 자체적으로 목회자를 양성하기 위해 1935년에 다섯 개
의 목회자 양성기관을 개설한다. 이 운동에 참여한 본회
퍼는 핑켄발데^{Finkenwalde} 신학교의 책임자가 된다. 그는 또
한 목사후보자들과 함께 공동생활을 하기 위해 '형제의
집'^{Bruderhaus}을 만든다. 1937년 9월 말에 신학교와 이 형제의
집이 폐쇄되자 '새로운 교회 공동체'를 모색하고자 하는 움
직임이 일어난다. 바로 이러한 움직임에 책임 있게 기여하기
위해 본회퍼는 1938년 가을에 『신도의 공동생활』을 집필한
다. 1935년부터 그의 인도 아래 함께 살았던 '형제의 집'에
서의 경험이 틀을 잡는 데 많은 도움을 주었을 것이다.

본회퍼는 첫 번째 주제로 '공동체'를 택한다. 그리고 무
엇보다 먼저, 그리스도인의 공동체 자리가 어디인지에 대
해 언급한다.

    "그리스도인이 그리스도인들 가운데 살 수 있다
    는 것은 결코 자명한 사실이 아니다. 예수 그리

스도는 그의 원수들 가운데 살았다. 마지막에는 모든 제자가 그를 떠났다. 십자가에서 악한 자와 조롱하는 자에게 둘러싸인 그는 오직 홀로였다. 그가 오신 목적은 하나님의 원수들에게 평화를 주려는 것이었다. 그러므로 그리스도인도 홀로 수도원적인 은둔생활을 할 것이 아니라, 원수들 가운데 살아야 한다. 그의 사명과 일은 바로 이 원수들 한가운데 있다."『신도의 공동생활』,21

　　좁게는 그리스도인의 자리요, 넓게는 신자들의 공동체 및 교회의 자리를 본회퍼는 수도원과 같이 세상과 구별된 곳이 아니라, '원수들 한가운데'로 상정한다. 이러한 사고를 본회퍼는 루터에게서 빌려온다.

　　루터는 1517년에 제국 도시 뉘른베르크의 최고 세무 담당자로서 시 정부를 이끌고 있던 히에로니무스 에브너 H.Ebner에게 '무언가 기독교적인 것'을 써서 보내 달라는 요청을 받는다. 이 요청은 1518년 여름이 되어서야 실현된다. 놀랍게도 루터가 집필한 것은 시편 110편에 대한 강해이다. '여호와께서 시온에서부터 주의 권능의 규를 내보내시리니

주는 원수들 중에서 다스리소서'라는 2절에 대해 강해하면
서 루터는 '당신의 통치는 당신의 적들 한가운데 있어야 합
니다'라는 소제목을 달아 자신의 입장을 피력한다.^{WA1696-98}
본회퍼는 이 내용을 요약하여 다음과 같이 인용한다.

> "하나님의 다스림은 그대의 원수들 한가운데 있
> 어야 한다. 이것을 견딜 수 없는 사람은 그리스
> 도의 통치로부터 살려 하지 않고, 친구들 사이에
> 나 있으려는 사람이다. 그는 장미와 백합꽃 가운
> 데 앉아 있기를 원한다. 그는 악한 사람들 곁에
> 있으려 하지 않고 경건한 사람들 곁에만 있으려
> 한다. 하나님을 모독하고 그리스도를 배반하는
> 사람들이여, 만일 그리스도가 그대들처럼 행동
> 했다면, 구원받을 수 있는 사람들이 어디 있겠는
> 가?"(루터)『신도의 공동생활』,21

본회퍼는 루터의 영향으로 교회의 자리를 믿는 자들만
존재하는 방주 개념으로 설명하지 않는다. 오히려 믿는 자
들을 유혹하고 위협하는 원수들이 있는 세상 한가운데로
자리매김한다.

2. 아우구스티누스 대^對 아우구스티누스?

예나 지금이나 교회에 대한 비난은 목회자나, 신자들의 삶에 나타난 비도덕적인 모습 때문에 야기되는 경우가 많다. 이것은 교회란 어떤 곳인가라는 논란과 그 맥을 같이한다. 교회란 거룩한 자들의 모임인가, 아니면 죄인들도 섞여 있는 곳인가? 교회란 알곡만 있는 곳인가, 아니면 가라지도 함께 있는 곳인가? 교회의 역사는 교회가 깨끗하고, 거룩한 자들의 모임이라고 간주하는 이들과 알곡과 가라지가 함께 있는 곳으로 보는 이들 사이에 있었던 긴장과 갈등의 흔적을 고스란히 담고 있다. 특히, 박해 시기에 배교했던 자들을 다시금 받아들여야 하는 문제와 연관하여 교회의 교회다움은 첨예한 현안이 되곤 하였다. 참된 교회를 순결함에서 찾으려 했던 이들은 배교했던 자들에 대해 관대하지 않았다. 배교했던 성직자들에 대해서는 더 말할 나위 없었다. 그들은 이러한 자들이 철저한 회개를 통해 다시 교회의 일원이 되기를 요청하였다.

이러한 요청은 그 자체로 문제 될 만한 것이 아니었다. 사실 세계 제2차 대전이 끝나고 난 뒤에 독일의 고백교회나, 일제의 강점기가 끝난 뒤 한국의 출옥 성도들이 요청했던 것과 별반 다를 것이 없기 때문이다. 독일의 교회는 그 요청을 수용하고 따랐지만, 신사참배를 했던 한국의 교회와 목회자들은 과거를 씻는 철저한 회개가 뒤따르지 않고 교회를 재건하는 주축이 되었다. 그 결과가 어떠한지 우리는 잘 알고 있다. 과거청산을 거부하며 버틴 자들의 뻔뻔함과 과거청산을 부르짖던 자들의 상대적 우월의식이 서로 부딪혀 얼마나 많은 폐해를 남겼는가?

기독교 박해 시기의 북아프리카도 이런 갈등으로 어수선한 분위기 속에 있었다. 교회를 순결하고, 거룩한 이들의 모임으로 자리매김하는 도나투스주의자들은 배교했던 자들을 너무 쉽게 받아들이는 교회를 오염된 교회로 치부하며 배척하였다. 특히, 배교했다 돌아온 성직자들이 베푸는 성례를 인정하지 않아 심각한 교회 정치적인 문제를 야기하였다.

그러나 이들은 인간의 본성을 너무 낙관적으로 본 것은 아닐까? 인간은 세상의 힘 앞에서 얼마나 나약한가? 세상의 유혹에 얼마나 쉽게 넘어가는가? 세상에서 누리는 육적인 즐거움에 얼마나 자주 눈을 돌리는가? 그 때문에 교회를 깨끗하고, 거룩한 자들만의 모임으로 보는 이들은 대중의 환영을 받기 힘든 위치에 있었다. 그래서 이들은 가장자리로 밀려나게 되고, 늘 '분파'적인 형태를 띠게 된다.

반면에, 교회를 의인과 죄인이 함께 공존하는 곳으로 보는 이들의 길은 순탄하다. 배교했던 자들까지 끌어안으려 했던 이들은 대중의 지지를 기반으로 하여 교회의 중심에서는 주류로 자리 잡는다. 이러한 과정에서 자신들의 입장을 설명해줄 수 있는 신학적인 도식이 필요하였다. 아우구스티누스는 알곡과 가라지 비유를 차용하여 이 문제를 해결한다. 수확의 때까지 알곡과 가라지가 함께 존재하는 것처럼, 교회도 종말의 때까지 거룩한 자와 죄인이 함께 존재하는 곳이라는 논리로 말이다.

사실 아우구스티누스는 이 비유를 잘못 적용하였다. 예수님의 비유에서 알곡과 가라지가 공존해 있는 세상은 교회 안과 밖을 다 아우른다. 그런데 아우구스티누스는 이 세상을 교회 안으로만 제한하고, 이 교회 안에 알곡과 가라지가 있는 것으로 비튼다. 이후의 교회 역사는 이런 논리의 오류를 보지 못하고 그의 주장만을 읊조릴 뿐이다.

그런데 아우구스티누스의 해석에서 '보편적'(가톨릭)이라는 말이 자리를 잡게 된다. 교회란 알곡과 가라지, 거룩한 자와 죄인, 모두가 함께 있다는 의미에서 보편적이라는 것이다. 물론 교회의 가라지성은 비판받을 수 있다. 그러나 가라지 모습이 있다고 하여 교회를 떠나 새로운 '분파'를 만든다면, 이것은 보편적 교회이기를 포기하는 것이다. 이것이 아우구스티누스가 거룩성을 내세워 분파로 나가는 도나투스주의를 반대하는 이유다.

이런 전前 역사는 종교개혁에 비판적인 질문을 던지게 한다. 종교개혁자들은 바울과 아우구스티누스의 은총론에 근거하여 중세의 교회를 비판한다. 공로에 의한 구원이라는 바벨탑을 쌓은 펠라기우스적인 중세의 구원론 및 여기에서 파생된 교회의 각종 관행을 공격한다. 심지어는 교황을 적그리스도라 부르며, 교황제도에 기초한 중세 교회를 '사탄의 매춘부 교회'라 비판하며, 자신을 파문한 교황의 교서와 교회법을 불태우며, 교황 교회에 대항하는 전면전에 나선다. 그 결과 중의 하나가 그가 애초에 의도하지 않은, 교황 제도를 따르지 않는 새로운 교회가 형성된 것이다.

여기서 누가 진정한 교회인지, 누가 '보편적' 교회인지에 대한 문제가 대두된다. 로마-가톨릭의 입장에서는 중세 교회가 타락했다고 여기고, 교회의 개혁을 내세우며 새로운 교회를 이룬 개신교가 분파적으로 보일 뿐이다. 이것은 분열을 정죄하고, 일치를 강조한 아우구스티누스의 교회론과 부딪히는 것이다. 때문에 '종교 개혁은 아우구스티누스의 교회론에 대한 아우구스티누스의 은총론의 승리'라는 말이 나오기도 하였다.

루터는 정말 분파를 만든 것인가? 그에게 있어 중세 교회는 타락하여 도저히 함께 갈 수 없는 교회인가? 그렇다면 그는 자신에 의해 시작된 교회의 역사적인 정통성을 어디에서 찾고 있는가? 그냥 하늘에서 뚝 떨어진 것으로 볼 수는 없지 않은가?

3. 교회 대^對 교회, 두 진영 사이에서

루터가 자신의 종교 개혁적 사상을 발견하고 이에 근거하여 중세 교회를 비판하였음에도 불구하고 새로운 교회를 세우려고 하지는 않았다. 일반적으로 루터 연구가들이 인정하는 바와 같이, 그는 교황이 언젠가는 자신의 제안을 받아들여 교회를 갱신하리라는 희망을 품고 있었다. 그래서 교회에서 나와 분파를 조직한다거나, 분열하여 새로운 교회를 세운다는 생각을 품지 않았다. 이와 관련해 1519년 2월에 했던 그의 말을 직접 들어보자.

> "설령 불행하게도 로마에 도저히 개선할 수 없는 일들이 있다 할지라도, 찢어지고 갈라질 특별한 이유가 없으며, 있지도 않을 것이다. 도리어 상황이 악화할수록, 더욱더 교회로 달려가고 교회에 붙어 있어야 한다. 왜냐하면 찢음이나 경멸을 통해서는 나아지지 않기 때문이다."WA2,72

95개 논제의 발표로 촉발된 로마 교황청과의 공개적인 갈등에도 불구하고 루터는 교회 내에서의 갱신이라는 희망의 끈을 놓지 않는다. 그러나 이런 희망은 1520년에 교황이 그를 파문하겠다는 교서를 계기로 급격히 사라진다. 이 교서에서 루터는 교회로 상징되는 포도밭을 파괴하는 "여우"와 "야생의 멧돼지"로, 혀로 뱀의 독을 퍼뜨리는 이단으로 정죄 된다. 자신을 파문하겠다는 위협 교서를 받고 19일 만인 1520년 10월 29일에 출판한 『적그리스도의 형편없는 교서에 반대하여』Adversus execrabilem Antichristi bullam에서 루터는 교황청과 정면으로 충돌한다.

> "그들이 자신들의 신성모독적인 교설에 근거하여
> 나를 파문하는데, 나도 그들을 거룩한 하나님의
> 진리에 근거하여 파문한다. 심판자이신 그리스도
> 가 어떤 파문이 그에게 적합한지 보실 것이다."
> WA6,612

교황을 '적그리스도'라 부르는 루터는 이 점에 있어서 위클리프와 얀 후스의 신학적 노선에 서게 된다. 이것이 어떤 운명을 초래할 수 있는지를 예상할 수 있음에도 그는 단호한 목소리를 낸다. 그만큼 루터는 자신의 견해가 틀리지 않으며, 성서의 지지를 받고 있다고 확신하였다. 아마도 자신의 견해를 지지하는 층도 생각했던 것보다 훨씬 더 광범위하다는 것을 감지한 것 같다. 그 한 예가 1521년에 13개의 주제를 가지고 그리스도와 적그리스도를 비교하는 루카스 크라나흐의 '그리스도와 적그리스도에 관한 이야기'Passional Christi und Antichristi이다. 가난과 부, 고난과 영광, 거처도 없는 노숙 생활과 호화로운 궁에서의 삶, 섬기는 자와 경배를 받는 자 등의 대조를 통해 적그리스도의 삶을 비판하는 크라나흐는 열두 번째 그림에서 성직매매자들을 성전에서 내쫓는 그리스도와 성직매매를 통해 돈을 벌어들이는 교황의 모습을 대비시킨다. 그만큼 교황을 적그리스도로 간주하는 루터의 공개적인 비판에 공명하는 사람들이 있었으며, 그의 입장을 지지하는 자들이 있었음을 보여준다.

실제로 1519년에 요한네스 에크^{J.Eck}와 벌였던 '라이프치

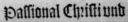

그림 45: 크라나흐 1세의 'Passional Christi und Antichristi'에 나오는 12번째 대조 그림으로 성직 매매자들을 성전에서 내쫓는 그리스도와 면죄부 판매를 통해 성직매매를 공공연하고 노골적으로 행하고 있는 교황의 모습을 보여주고 있다.

히 논쟁' 이후 루터를 지지하고, 옹호하는 자들을 '루터파'
라고 부르며 이를 둘러싼 갑론을박이 일어난다. 이 공개토
론에 참석했던 루터의 에어푸르트 스승인 히에로니무스 엠
저^{H.Emser}는 루터의 주장이 얀 후스와 같은 선상에 있는 이
단적이라고 비판한다. 이 비판을 기점으로 엠저와 루터 사
이에 서로를 원색적으로 비방하는 격렬한 논쟁이 시작되
는데, 바로 이 논쟁에 라이프치히 논쟁의 당사자였던 요한

그림 46: 루터의 적대자들을 짐승에 비유하는 16세기의 전단지. 왼쪽부터 슈트라스
부르의 프란치스쿠스 수도승 토마스 무르너는 고양이, 엠저는 염소, 적그리스도 교황
레오는 사자, 에크는 돼지, 에크의 스승인 튀빙엔의 야콥 렘프는 개로 그려지고 있다.
밑에 나오는 비판 문구에는 교황이 에크에게 추기경 모자와 돈을 주겠다고 하며 대신
루터를 짓눌러 입을 다물게 하라는 주문이 나온다.

네스 에크가 끼어든다.

1519년 11월에 마이센^{Meißen}의 주교 요한 폰 슐라이니츠 ^{JohannVII. von Schleinitz}에게 보내는 편지에서 그는 루터를 반대하고 엠저를 변호한다. 여기에서 그는 루터의 오류가 배움이 깊지 않음에서 온다고 부각한다. 이를 위해 루터를 전통적인 의미의 신학자로 부르지 않고, '문법 신학자^{grammaticus Theologus}, 또는 '문법 신학의 박사^{grammaticae Theologiae doctor}로 부른다. '문법 신학'이란 성경에 대한 전통적인 해석방법을 따르지 않고, 성경의 단어 하나에 이르기까지 언어적이며, 문법적인 연구를 강조하는 인문주의적 풍토를 따르는 신학을 의미한다. 독일의 대표적인 인문주의자인 로이힐린 ^{Reuchlin}의 손자요, 비텐베르크의 인문주의자인 멜랑히톤을 루터의 '문법학자^{suus grammaticus}로 칭하는 것은 이런 이유 때문이다.

'문법 신학', 즉 성서신학을 추구하는 루터와 그 지지자들을 에크는 '루터와 그의 사람들'^{Ludderus cum suis}로 표현하는데, '그의 사람'이란 '루터의 오류들을 퍼뜨리는 자^{seminator errorum ludderani}를 말한다. 여기서 루터에게 '당파의 수호자'^{patronus factionis suae} 지위가 주어진다.

에크의 주장에 대해 곧바로 반
론을 제기하는 자가 있었다. 후
에 바젤의 종교개혁자가 된 요한
네스 외콜람파디우스J.Oekolampadius
이다. 그는 1519년 12월에 '요하
네스 에크에게 루터를 따르는 무
식한 성직자들의 응답'Canonicorum
indoctorum Lutheranorum ad Joh. Eccium responsio

을 쓰는데, 편지의 요지를 밝히는
초두에 '루터따르미'의 정체성을
다음과 같이 암시한다.

그림 47: 한스 아스퍼H.Asper가 1550년경에 목판화
로 그린 외콜람파디우스 초상화. 루터를 지지하던
외콜람파디우스는 성만찬 논쟁에서 같은 스위스
종교개혁자들을 지지하는 쪽으로 기울어진다.

"에크에게, 그가 존경하는 마이센의 주교에게 보
내는 편지에서 무식한 성직자들을 루터를 따르
는 자들Lutheranos이요, 루터의 오류들을 퍼뜨리는
자들이라고 불렀기 때문에, 무식한 성직자들이
어떤 점에서 그리고 어떤 이유로 루터를 따르는
자들Lutherani인지를 대답한다."Lutheri Opera latina,61-62

외콜람파디우스의 언어사용에 있어서 '루테라누스'
lutheranus라는 말은 '루터를 지지하는 자', '루터를 옹호하는
자', '루터를 따르는 자' 등의 의미를 가진다. 에크의 말대로
이런 자들이 배우지 못해서 루터의 장단에 그저 춤을 춘
것인가? 외콜람파디우스는 이렇게 대답한다.

> "너는 우리가 어떤 이유로 루터를 따르는 자인지
> 에 대해 너무도 단순하게 판단한다. 루터가 복음
> 과 그리스도교적인 자유의 친구이기 때문에, 그
> 가 우리를 정복하였다."Lutheri Opera latina,68
> Habes succinctim, qua ratione Lutherani si-
> mus, quatenus evangelii et Christianae li-
> bertatis amicus est Lutherus, sibi nos devicit.

루터에게 동조하는 자인가, 아니면 루터를 반대하는 자
인가에 대한 시금석은 자신의 신학적이며 목회적인 사고를
성서에 두는가이다. 또한 교황을 필두로 하는 성직자의 권
위를 위해 하나님 앞에 단독자로 서는 개인의 자유를 희생
할 것인가, 아니면 교황의 권위에 맞서 개인의 신앙적인 자

유를 책임 있게 살아내는가이다. 이를 통해 루터를 반대하
는 부류와 루터를 지지하는 부류 사이에 논점이 무엇인지
분명히 드러난다. 외콜람파디우스는 루터를 지지하는 자들
을 맹목적인 '루터 바라기'로 비하하는 에크에게 자신들은
루터와 함께 '복음과 그리스도교적인 자유의 친구'이지, 루
터라는 인물 자체를 따르는 자들이 아님을 분명히 한다.

루터는 자신을 둘러싸고 일어나는 '루터 바라기'와 '루터
따르미'에 대한 이런 논쟁을 알고 있었다. 자신을 지지하는
이들이 많은 것에 고무적인 반응을 보일 수도 있었지만, 그
는 '루터파'라는 말에 부담을 느낀다. 위에서 보았듯이, 그는
자신의 '밧모섬' 바르트부르크에서 자신을 지지하는 자들이
비텐베르크에서 일으킨 소요를 보고는 '루터를 따르는 자'
가 아니라 '그리스도를 따르는 자'가 되라고 경고한다.

적어도 보름스 제국의회 이후, '루터를 따르는 자', '루터
를 지지하는 자'라는 말이 공공연히 사용되고 있음을 알 수
수 있다. 이런 루터 지지자들은 비텐베르크에만 국한되지
않고 유럽 전역으로 퍼져나갔다. 그만큼 교황과 교황교회
를 향한 루터의 입장에도 변화가 있었을 것이다.

이러한 변화의 급진적인 예가 바로 1537년의 '슈말칼덴

그림 48: 요하네스 코흘레우스[J.Cochleus]가 1529년에 출판한 '7개의 머리를 가진 마르틴 루터'의 책 표지로 뉘른베르크의 화가 한스 브로자머[H.Brosamer]가 그린 목판화다. 맨 왼쪽부터 박사모를 쓰고 있는 교수, 수도복을 입고 있는 수도승, 터키식 모자를 쓴 불신자, 교회의 설교자, 교회의 가르침과 맞지 않는 이야기를 앵앵거리며 내뱉는 열광주의자, 교회를 시찰하며 감시하고 감독하는 자, 예수 대신에 풀려난 죄수 바라바의 머리가 나온다. 일곱 머리를 가진 루터는 요한계시록에 나오는 일곱 머리를 가진 용처럼 적그리스도의 모습으로 그려진다. 루터가 교황을 적그리스도로 비판했다면, 코흘레우스는 그를 적그리스도로 비판하는 것이다.

그림 49: '일곱 개의 머리를 가진 교황짐승'Das Siebenkoepfiges Papsttier이라는 1530년경의 전단지로
그림 48의 루터 비판 전단에 반대하여 교황교회의 조직과 구조를 비판하고 있다. 교황교회는
사탄의 지배가 다스리는 나라이며, 그 기초석은 돈궤이다. 이 돈궤 위에 교황과 좌우로 추기
경, 주교, 그리고 수도승 등 일곱 개의 머리를 가지고 있는 짐승이 앉아 있다. 십자가에는 예수
그리스도 대신 그를 때리던 쇠가 붙은 채찍과 태형 도구인 회초리 묶음, 그리고 이마를 찌르
던 가시 면류관이 걸려 있다. 교황교회가 예수 그리스도를 박해하는 교회임을 상징적으로 나
타낸다. 십자가 위에는 '유대인의 왕 나사렛 예수'를 의미하는 라틴어 약자인 'INRI'가 나오
지 않고 대신 '돈으로 한 자루 가득 면죄부'Umb Gelt ein Sack vol Ablas라고 씌어 있는 교황의 면죄부
가 걸려 있다. 그만큼 교황교회가 돈 장사, 곧 성직매매에 찌들어 있음을 고발한다.

조항'Schalkaldische Artikel에 나타난다. 여기서 루터는 교황 교회를 교회로 인정하지 않는다.WA50,249 물론 이런 선언에도 불구하고 화해의 불길이 완전히 꺼진 것은 아니다. 이런저런 모임을 통해 신학적인 차이점을 극복하고 다시금 하나로 연합하려는 시도들이 있었다. 그러나 1545년에 소집된 '트렌트 공의회'에서 개신교가 정죄 되자 돌이킬 수 없는 루비콘강을 건너게 된다. 이때는 루터도 생의 마지막 단계에 있었다. 그래서 누가 진정한 가톨릭교회인가 하는 논쟁은 종교개혁 2세대와 3세대의 몫이 된다.

그런데 로마-가톨릭과 교회론적인 논쟁을 벌이는 과정에서 종교개혁 진영에는 새로운 변수가 발생한다. 루터의 동료이자, 제자 그룹에 속해 있던 이들 중에 이제 막 시작하여 걸음마를 걷던 종교개혁에 위기의 물결을 몰고 오는 자들이 생긴 것이다. 일명 '급진적 종교개혁자'라 불리는 이들은 기독교가 종교로 인정된 뒤로는 교회가 타락하기 시작하였다는 역사 인식을 가지고 있었다. 그들의 눈에는 루터와 같은 종교개혁자들의 교회 개혁이 철저하게 보이지 않았다. 왜냐하면 이들이 교황의 권위를 부정하는 데는 성공했지만, 그 자리를 세속 권력자들에게 넘겨주어 세상 권력과 야합한 제도적 교회로 또다시 자리매김했다고 보기 때문이다.

이런 주장에 대해 '관 주도적 종교개혁'을 추진하던 이들은 어떻게 대응해야 할까? 놀랍게도 그들은 자기모순에 빠질 수 있는 위험한 선택을 한다. 중세의 교회가 교황 제도 아래서 타락하였지만, 이 타락한 교회를 통해서도 오염되지 않고 전수되는 것이 있었다는 것이다. 성경, 세례와 성만찬이라는 성례, 주기도문, 십계명, 초대교회의 신조 등이 그것이다. 사람과 제도 등은 타락할 수 있다. 타락한 이들에 의해 성경이나 성례도 오용될 수 있다. 그렇다고 하여도 성경이나 성례 자체가 오염되는 것은 아니다. 이런 의미에서 중세의 로마-가톨릭교회가 인적이며, 제도적으로 타락한 면이 있다고 하여 교회 전체를 도매금으로 넘기는 것은 아기를 씻은 물을 버리려다 아기까지 버리는 격이다. 그 때문에 중세의 로마-가톨릭교회는 여전히 교회로 불릴 수 있다. 마치 사도 바울이 고린도교회와 갈라디아교회가 복음을 떠났다고 비난을 하지만, 여전히 교회로 부르는 것처럼 말이다.

전형적인 '코에 걸면 코걸이, 귀에 걸면 귀걸이' 식의 주장이다. 그래서 설득력이 약하다. 한편으로는 로마-가톨릭 교회, 다른 한 편으로는 급진적 종교개혁자들 사이에 끼인 루터는 왜 이런 자기 모순적인 입장을 취하게 되었을까?

4. 교회: 하나님의 말씀이 바르게 선포되고 듣는 곳

루터에게 있어서 교회를 교회 되게 하는 가장 본질적인 것은 무엇인가? 그것은 말씀이 바르게 선포되고, 성례(세례와 성만찬)가 바르게 집전되는 것이다. 그래서 "말씀과 성례가 본질적으로 존재하는 곳에 거룩한 교회가 있다"고 말할 수 있었다.[WA40/1,71] 여기서는 말씀의 선포와 교회의 관계에 대해서만 좀 세부적으로 살펴보고자 한다.

루터에게 있어서 교회란 "복음의 피조물"[creatura Evangelii] 이다.[WA2,430] 때문에 "복음이 있는 곳에 교회가 있다"[Ubi est verbum, ibi est Ecclesia]는 주장이 가능하다.[WA39/2,176] 이것은 정경을 채택한 것이 교회이기에 교회가 먼저라는 입장을 취하며, 제도적 교회를 부각하려는 이들에 대한 루터의 신학적인 답변이라 할 수 있다. 그에게 있어 교회란 말씀이 선

포되고, 선포되는 말씀을 듣는 현장이다. 예배는 사제들이
제단에서 행하는 것을 보는 것이 아니라, 하나님의 말씀이
살아 있는 음성으로 선포되고, 그 복음을 살아 있는 음성
으로 듣는 시간이다.

　이 점에 있어서 루터는 사도 바울을 따른다. 바울은 믿
음은 들음에서 나며, 들음은 그리스도의 말씀으로 말미암
는다고 말하지 않았던가? 이 말을 역순으로 하여 '말씀이

그림 50: 설교에서는 성경을 강해하며 그리스도를 가리키고, 성만찬에서는 떡과 잔을 나
누는 것이 바른 교회임을 나타내는 그림으로 크라나흐 2세가 1540년경에 그린 목판화

있는 곳에 믿음이 있고, 믿음이 있는 곳에 참된 교회가 있다'는 말이 루터에게는 가능했다. 그 때문에 교회를 티모디 조지[T.George]처럼 "펜의 집"이 아니라 "입의 집"이라 부르는 것은 설득력이 있다.[조지,103]

> "복음서는 원래 기록된 문서[schrift]가 아니라 입으로 선포된 말씀[muendliches wort]이다. … 그리스도 자신은 어떤 것도 기록하지 않고 단지 말하기만 하셨다. 그의 가르침은 기록된 것이 아니라 복음, 곧 좋은 소식 또는 선포라 불리는데, 이것은 펜이 아니라 입으로 행해져야 한다."[WA10 I/1,17]

개신교 예배가 보는 미사 중심에서, 선포하고 듣는 설교 중심으로 바뀌게 된 배경에는 교회란 어떤 곳인가라는 루터의 신학적인 입장이 반영된 것임을 볼 수 있다. 교회란 말씀에 의해, 말씀을 통해, 말씀 안에서, 그리고 말씀을 위해 존재하는 모임이요 공동체다. 바로 이런 이유로 종교개혁자들은 자신들의 교회가 초대교회와 이어질 수 있다고 생각하였다. 그들이 생각하는 연속성이란 안수를 통해 이어져 내려오는 제도적인 의미가 아니라, 사도들과 동일한

복음을 선포한다는 신학적인 의미이다. 이것은 매우 중요
한 의미를 내포하고 있다.

먼저, 타락한 것으로 간주하는 중세 교회에도 말씀이 바
르게 선포되는 곳이 있다면, 교회로 간주해야 한다는 것이
다. 루터 자신도 이럴 수 있는 개연성을 부정하지 않는다.
심지어는 자신의 교회가 이런 교회와 신학적인 연속성이
있다고 간주한다. 이 말은 뒤집어 보면, 정통적인 교회라
할지라도 말씀이 바르게 선포되지 않는다면, 이런 교회는
교회가 아니라는 말까지도 가능하다. 아무리 많은 가르침
이 있어도, 아무리 많은 신자가 있어도, 아무리 경건한 삶
이 있어도, 복음이 없다면 그곳에는 교회도 신자도 없다며
루터는 다음과 같이 말한다.

> "기독교 공동체^{Christliche gemeine}가 확실하게 인식돼
> 야 하는 곳은 순수한 복음이 설교 되는 곳이다.
> 군대의 깃발이 어떤 군주와 군대가 진을 치고 있
> 는지를 보여주는 확실한 표지인 것처럼, 복음도
> 그리스도와 그의 무리가 어디에 있는지를 알도
> 록 해주는 확실한 표지이다. … 복음이 있는 곳
> 에 그들이, 이들의 수가 아무리 적고, 아무리 죄

그림 51: 한스 작스가 쓴 '두 종류의 설교 내용'에 삽화를 그린 전단지로 알브레히트 뒤러 밑에서 기능공으로 있다가 1532년에 그의 후계자로 뉘른베르크 시화가^{Stadtmaler}가 된 게오르그 펜츠^{G.Pencz}가 1529년경에 그린 목판화. 왼쪽은 개신교 설교로 강대상이 단출하고 말씀을 설교하는 데 초점이 맞추어져 있고, 청중들은 설교를 경청하는 모습이다.

우측은 살찐 교황의 설교자가 장식된 설교단에서 성경과는 아무 상관이 없는 즉 흥 설교를 하고 있고, 청중들도 설교를 외면하고 있다. 루터를 '비텐베르크의 나 이팅게일'이라 부른 한스 작스는 자신의 글로 어느 편의 설교를 들어야 하는지 결단하도록 요청하고 있다.

가 있고 결함이 있을지라도, 그리스도인이 아니
라는 것이 불가능하다는 것을 우리는 확신한다.
마찬가지로 복음이 없고 인간적인 가르침이 지배
하는 곳에서는 그리스도인이라고 하는 이들이,
이들의 수가 아무리 많고, 아무리 거룩하고 경건
한 삶을 산다고 할지라도, 우쭐대는 이방인일 수
밖에 없다. 이러한 사실로부터 다음과 같은 결론
이 명약관화하게 나온다: 주교들, 성직자회, 수도
회, 그리고 일반 신자회는 오래전부터 그리스도
인도 아니며, 기독교 공동체도 아니었다. 비록 그
들이 그런 이름을 일반적으로 모든 것에 사용할
지라도 말이다."WA11,408

오늘 한국교회가 되새겨 들어야 하는 말이 아닌가? 말
씀이 상실된 교회는 아무리 대형교회라 할지라도 이교의
신전에 불과하다니! 말씀이 아니라 기독교 전통과 교리에
더 방점을 두는 설교자는, 아무리 정통신학교를 나오고 기
독교 전통을 견고히 세우는 사역을 한다고 할지라도, 이교
사제에 불과하다니! 이런 교회를 다니는 신자는 아무리 거
룩한 삶을 산다고 할지라도 이교도에 불과하다니! 가슴이

서늘해진다.

물론 하나님의 말씀을 설교 본문으로 택하지 않는 목사
가 어디 있으며, 그런 교회가 어디 있겠는가? 중세의 교회
또한 예외가 아니다. 그때도 여전히 복음은 인용되고 설교
되었다. 그러나 복음이 주교나, 사제나, 수도승들의 개인적
인 자질에 의해 소외될 수는 있었다. 의미가 왜곡될 수도
있었다. 심지어는 복음이 교회의 기초를 이루는 것이 아니
라, 교회의 장식품으로 전락하기도 하였다. 그 때문에 루터
에게 있어서는, 성경 구절을 문자로 읊조리는 것보다는 그
것을 진실로 믿고 삶으로 살아내는 설교가 중요하였다. 이
것이 바로 교회의 참된 표지이기 때문이다.

> "네가 말씀을 설교하고, 믿고, 고백하고, 삶으로
> 살아내는 것을 듣거나 보는 바로 그곳에 바르고
> 거룩한 가톨릭 교회^{eine rechte Ecclesia sancta Catholica}, 곧
> 기독교적인 거룩한 백성이 존재한다. 비록 그 수
> 가 적을지라도 말이다. … 왜냐하면 하나님의 말
> 씀은 하나님의 백성이 없이는 있을 수 없고, 반
> 대로 하나님의 백성은 하나님의 말씀이 없이는
> 있을 수 없기 때문이다. 하나님의 백성이 없는

그림 52: 크라나흐 2세가 1545년경에 그린 목판화로 그리스도에 대한 참된 경배와 적그리스도의 우상숭배 사이의 차이를 보여준다. 왼쪽 그림의 설교단에서 루터는 손가락으로 어린양을 가리키는데 '보라 하나님의 어린양이다' 세례 요한의 말이 적혀 있다. 설교단 앞면에는 '모든 예언자가 이 이름에 대해 증거한다. 천하에 다른 이름은 없다'고 적혀 있다.

우측 설교자는 사탄이 자신의 귀에 속삭이는 대로 외친다: '보라, 구원에 이르는 로마-가톨릭의 길들이 많이 있다. 나는 너희들이 쉽게 구원받을 수 있기를 바란다.' 오른쪽 맨 아래의 교황은 예배는 드리지 않고 '동전 소리가 날 때, 영혼이 하늘로 올라간다'고 기록된 면죄부 홍보 전단지를 쥐고 면죄부 판매에만 관심을 기울이고 있다.

곳에서 누가 설교하고자 하며, 설교를 듣고자 하
겠는가? 그리고 하나님의 말씀이 없는 곳에서
하나님의 백성은 무엇을 선포하고, 무엇을 믿고
자 하겠는가?^{WA50,629-30}

말씀을 바르게 선포하는 것에서 교회의 본질과 정체성
을 찾는 루터의 입장은 급진적 종교 개혁자들과 관련해서
도 우리가 새겨들어야 할 말을 남긴다. 이들은 종교 개혁
적 교회가 막 걸음마를 시작하였을 때, 내적으로 가장 큰
위기감을 불러일으킨 세력이었다. 이들은 참된 그리스도인
으로만 구성된 교회를 회복하려는 열심 때문에 종교 개혁
자들이 말씀을 바르게 선포하는 전통으로 여기던 암브로
시우스나 아우구스티누스 등의 초대 교회의 교부들까지도
"모두 적그리스도의 사도들"로 간주하였다. '오직 성서만으
로'라는 종교 개혁적인 원리를 철저하게 따르려고 하였고,
성경에 기록된 제자도를 글자 그대로 지키려 했던 이들에
게 루터와 같이 관 주도적 종교 개혁을 추구한 이들의 교
회는 함께 할 수 없는 타락한 교회였다. 이들에 대해 루터
는 어떻게 대했을까? 이들의 교회도 루터에게는 교회로 보
였을까? 그의 기본적인 입장은 다음과 같다.

"열광주의자들이 지배적인 곳이라 할지라도, 만
일 이들이 말씀과 성례를 부정하지만 않는다면,
이곳에서도 거룩한 교회는 존재한다."[WA40/1,71]

루터에게 교회는 누가 있느냐가 중요하지 않았다. 적그
리스도라고 신랄한 비판을 받던 교황이나 주교이든, 이단
이라는 정죄를 받던 열광주의자이든 교회의 거룩성과 아
무 관련이 없다. 중요한 것은 말씀이 바르게 선포되고, 성
례가 바르게 집전되는가이다. 만일 이 두 가지만 제대로 된
다면, 이단적이라 간주하는 곳도 거룩한 교회일 수 있다.

선을 넘은 말이라 할 수 있을 정도로 위험한 말이다. 왜
냐하면 이 말을 뒤집어 말하면, 말씀이 바르게 선포되지
않는다면, 교단적으로는 정통교회에 속하고, 심지어는 유명
한 교회라 할지라도 거룩한 교회가 아니라는 말도 되기 때
문이다. 또한 이단으로 정죄를 받는 사이비 교회라 할지라
도 그곳에서 말씀이 바르게 선포되고 성례가 바르게 집전
된다면, 그 이단 교회도 거룩한 교회라 할 수 있기 때문이
다. 루터가 지금 한국교회 안에 있다면 또다시 파문되지 않
을까? 그의 유해를 끄집어내어 다시금 종교재판이 열리지
않을까? 보름스 법정에서와같이 루터는 이번에도 성서와

양심에 호소하며 자신의 입장을 철회하는 것을 거절하지
않을까? 이 법정에서 그가 할 최후 진술은 어떤 내용일까?

5. 보라, 저기 훌륭한 설교를 하는 멋진 짐승이 지나간 다!

교회는 어디에 있는가? 어디에서 참된 교회를 발견할 수
있는가? 작금의 많은 '가나안' 교인들이 묻고 있다. 예배당
이 아름다운 교회인가? 예배가 음악 콘서트나, 뮤지컬이
나, 한 편의 연극처럼 잘 준비된 교회인가? 감동적인 설교
에 마음이 동하는 교회인가? 분명 이런 교회들이 적지 않
다. 그런데도 예배 인원은 줄고 있다. 다양한 각도에서 원인
이 규명될 수 있을 것이다. 그중 한 원인을 내 경험의 서랍
에서 꺼내고 싶다.

유학 시절, 나는 동네교회에도 나갔지만, 간헐적으로 뮌
스터에서 예배참가자가 가장 많은 교회에도 나갔다. 가깝
게 지내던 독일 친구들이 그 교회를 다녔기 때문이다. 그
들은 그 교회 목사님이 성서적으로 설교한다며 무척 좋아

하였다. 한번은 한 중년 여성이 예배 후 목사님과 대화하는 자리에 합류하였다. 본인이 이사하여 다니게 된 지역 교회 목사님의 설교 시간이 싫다는 것이다. 그런데 이 여인이 나가는 교회가 바로 내가 나가던 동네교회였다. 반사적으로 나는 왜 싫은지 물었다. 그때 대충 이런 말을 들었다.

'사람들이 주일에 교회에 갈 때는 교회에서만 들을 수 있는 것을 듣고자 하는 마음이 있기 때문입니다. 바로 성경에 나오는 하나님 말씀이지요. 그런데 그 목사님 설교에는 하나님 말씀이 없어요. 주로 정치, 경제, 도덕, 환경, 인간관계, 마음 치료 등의 이야기로 가득 차 있습니다. 그냥 교양이나, 재미로 듣기에는 괜찮아요. 그러나 이런 이야기는 그 분야의 전문가를 불러서 한 시간을 듣는 것이 훨씬 더 도움이 됩니다. 좀 더 자고 싶고, 좀 더 쉬고 싶은 황금 같은 주일 아침에 이런 이야기를 들으러 교회에 가는 것이 아닙니다. 우리가 교회에서 듣고자 하는 것은 교회에서만 말할 수 있는 것, 곧 하나님의 말씀입니다.'

　　지금도 그 장면을 잊을 수 없다. 물론 하나님의 말씀 안
에는 세상 이야기가 포함되어 있다. 그렇다고 세상 이야기
로 하나님 말씀을 대치해도 된다는 것은 아니다. 사실 설
교에 하나님 말씀을 빙자한 인생 성공담, 처세술, 심리 치
료 등의 이야기가 범람하고 있다. 그로 인해 설교의 홍수
속에서도 역설적으로 마주치게 되는 말씀의 실종이 우리
의 현실이 되었다. 이것이 위험한 것은 말씀의 실종은 곧
교회의 실종을 의미하기 때문이다. 현재 출석하는 교인이
아무리 많아도, 말씀이 바르게 선포되고 그 말씀을 통한
교제와 섬김이 없는 한, 그곳은 교회가 아니다. 단지 인간
의 친목 단체 정도일 뿐이다. 말씀을 선포하지만, 사람들
을 즐겁게 하려는 마음과 사람들로부터 좋은 설교를 한다
는 평판을 듣고자 하는 갈망에서 한다면, 그것은 실은 말
씀을 바르게 선포하는 것이 아니요, 그곳에 교회는 이미
존재하지 않는 것이다. 그런데도 오늘날 신자들은 이런 설
교와 이런 교회를 얼마나 좋아하는가? 이런 인간의 실상
을 파악한 루터는 이렇게 기도한다.

　　　"하나님이시여, 모든 사람을 즐겁게 하고, 모든 사
　　　람으로부터 좋은 평판 듣기를 즐기려는 설교자

들로부터 우리를 지켜 주옵소서."WA28,530-31

　　교회는 모든 사람을 즐겁게 해주는 곳이 아니다. 설교 또한 사람들을 즐겁게 해주는 데 초점이 맞추어져서는 안 된다. 교회는 모든 사람의 문제를 해결해주는 곳도 아니다. 설교 또한 마찬가지다. 그런데도 교회가 이런 종류의 프로그램으로 채워지고, 설교가 사람들을 만족시켜주려는 방향으로만 나아간다면, 이런 곳이 말씀이 바르게 선포되는 교회일까? 교회의 자리가 실종의 위기로 치닫는 것은, 루터가 간파한 것처럼, 어쩌면 좋은 평판을 듣고자 하는 목회자의 갈망과 연관이 있는 것은 아닐까? 목회자가 익숙해져야 하는 것은 말씀을 바르게 선포하는 것이다. 이를 위해 말씀과 정직하게 씨름해야 한다. 사람들로부터 좋은 설교자라는 평판을 듣기 원하는 것은 말씀이 아니라, 오직 사람들과만 씨름하는 것이다. 이것이 교회의 실종을 가져오는 비극의 시작이다.

　　루터의 시대와는 달리 요즈음은 자기 자랑의 시대이다. 긍정의 심리학에 물든 교회 문화도 예외가 아니다. '오직 하나님께 영광'이라는 말이 홍수를 이루는 만큼, 그 영광을 자신에게 돌리는 교묘한 자기 자랑, 자기 칭찬, 자기

높임이 예배당을 장식하고 있다. 이런 문화에 대해 루터는
이렇게 말한다.

"당신은 당신 자신의 책들이나, 가르침이나, 쓴 것
들에 대해 우쭐거리는 마음을 가지고 있습니까?
또한 사람들이 당신을 칭찬하는 것을 매우 좋아
합니까? 칭찬을 받기 원하는데, 그렇게 되지 않
으면 슬퍼하거나 의기소침해집니까? 당신이 그런
부류의 인간이라면, 당신 자신의 귀를 만져 보십
시오. 아름답고, 크고, 길고, 털이 많이 난 당나
귀 귀를 발견할 것입니다. 그 귀를 황금 방울로
장식해 보십시오. 그러면 사람들은 당신이 가는
곳마다 당신의 소리를 듣게 되고, 손가락으로 당
신을 가리키며 '보라, 저기 아주 값진 책을 쓰고,
훌륭하게 설교할 수 있는 멋진 짐승이 지나간다'
고 말할 것입니다. 바로 그 순간 당신은 행복해하
고, 천국에서도 행복에 겨워할 것입니다. 그렇습
니다. 바로 그곳에는 사탄과 그의 부하 천사들을
위해 지옥 불이 준비되어 있습니다. 영광을 추구
하고 교만 하고자 하는 것을 그만두십시오. '하

그림 53: 루터와 멜랑히톤의 공동 작품인 '로마의 교황당나귀'^{Der Bapstesel zu Rom}라는 제목
의 전단지에 나오는 목판화로 크라나흐 1세가 그린 것으로 추정한다. 괴물의 머리가 당
나귀 머리로 되어 있는데, 이후 종교개혁 진영에서는 교황을 당나귀 귀를 가진 짐승으
로 비하하는 전형적인 상징으로 즐겨 사용된다. 여성의 몸을 가진 것은 교황을 바벨론
음녀로 간주하는 것이 반영된 것으로 보인다. 엉덩이는 수염을 한 사탄의 얼굴로 되어
있으며 용의 머리를 가진 꼬리를 가지고 있다. 발은 소의 발굽과 독수리의 발톱으로 이
루어져 있다. 피부는 물고기 비늘로 덮혀 있다. 이것은 1496년에 로마에 있는 티베리우
스 강에서 죽었다고 전해지는 괴물을 표현한 것이다. 본 그림은 처음 인쇄된 1523년의
전단지가 아니라 1535년에 인쇄된 전단지에서 가져온 것이다.

　　나님은 교만한 자를 물리치시고 겸손한 자에게

　　은혜를 주십니다.'(약 4:6) 영광은 영원토록 하나

　　님께 속한 것입니다."[WA50,660-6]

　　우쭐대고 싶은 마음, 칭찬받고 싶어 하는 마음은 우리 모두에게 보편적인 욕구가 아닐까? 칭찬을 기대했는데, 칭찬을 받지 못하면 의기소침해지는 것도 인간이라면 가질 수 있는 자연적인 반응이 아닐까? 루터가 너무 높은 기준을 제시하는 것은 아닐까? 당연히 그렇게 생각할 수 있다. '칭찬은 고래도 춤추게 한다'고 하는데, 칭찬에 인색할 필요는 없다. 격려 차원의 칭찬은 치유와 성장을 위해 좋은 약이다.

　　그러나 목회자가 칭찬을 기대하며 설교를 하거나, 책을 출판한다면, 이것은 '영광의 신학'theologia gloriae을 추구하는 것이다. '보라, 저기 아주 값진 책을 쓰고, 훌륭하게 설교할 수 있는 멋진 짐승이 지나간다'는 말에 목을 매는 자는 십자가보다는 영광을, 약함보다는 강함을, 어리석음보다는 지혜를 더 사랑하여 결국은 십자가와 고난을 미워하고 자신의 공적과 영광을 추구하는 자가 아닌가? 십자가에 달리신 예수 그리스도를 통해 하나님을 인식하고자 하며, 하

그림 54: 1545년에 출판된 루터의 '사탄에 의해 세워진 로마에 있는 교황에 대항하여'Wider das Bapstum zu Rom vom Teuffel gestifft 표지에 나오는 그림으로 크라나흐 1세가 그린 목관화다. 교황의 귀가 당나귀 귀로 나오는데, 그 위에 사탄의 부하 짐승이 교황의 머리에 교황관을 씌워 주고 있다.

나님의 진리를 십자가 밑에서 그리고 죽음을 통해 배우는 '십자가 신학$^{theologia\ crucis}$'을 유일한 신학으로 인정하는 루터에게 있어 이런 목회자는 사탄이 닦은 길을 가는 자이다. 아, 오늘 우리 목회자들이 얼마나 많이, 얼마나 자주 이 길을 걷고 있는가! 나도 내 책을 들고 지나가는 '멋진 짐승'이 아닐까? 하여 루터가 강조하는 '그는 흥하여야 하겠고 나는 쇠하여야 하리라'는 말을 나직이 읊조려 본다.

6. 그는 흥하여야 하겠고 나는 쇠하여야 하리라!

말씀을 바르게 선포하지 못하여 교회의 실종사태를 야기하는 것은 일차적으로 목회자의 잘못이다. 그러나 이들에게 자신들이 듣기 좋은 설교를 하도록 부추기거나, 속살거리는 청중도 문제다. 이들의 각성도 필요하다. 그래서 루터는 그들이 다음과 같이 말하는 청중이 되기를 바란다.

"나는 우리 목사-주님^{Pfarrherr}을 믿지 않는다. 그는 나에게 그리스도라 불리는 다른 주님에 관해 말

한다. 그는 나에게 그분을 보여준다. 그가 나를
바로 그 옳은 스승이요 교사인 하나님의 아들
에게로 데려가는 한에서만 그의 입술을 볼 것이
다."WA51,191

   말씀을 바르게 선포하는 것은 사실 그리스도를 드러내
는 것이다. 설교란 그리스도를 드러내는 것이다. 이 그리스
도가 드러나는 곳에 바로 교회가 있다. 청중은 자신들의
귀를 즐겁게 해주는 말이 아니라, 그리스도를 드러내는 말
씀에 익숙해져야 한다. 설교자는 '나를 보라'고 외치는 자
가 아니라, 세례 요한처럼 그리스도를 가리키는 자이다. 그
때문에 청중은 설교를 들을 때, 설교자를 보지 않고 그가
가리키는 그리스도를 보는 경청을 해야 한다. 이런 들음을
통해 그들은 참된 신자가 되고, 이런 신자가 모인 교회는
참된 교회가 된다. 그렇지 않을 경우, 설교자를 왕으로 만
들고 그를 섬기는 우상숭배에 빠질 수 있다. 이것이 루터가
거부했던 '교황 교회'였다.
   '목사-주님'을 믿으라고 강요하는 교회는 교황을 정점
으로 하는 피라미드적 중세 교회와 많이 닮았다. 목사를

'목사-주님'으로 섬기며 복종하는 교인들이 많은 교회 또
한 루터가 그렇게도 저항했던 '교황 교회'와 다를 바가 없
다. 교회에 주님은 한 분으로 족하다. 말씀이신 주님 말이
다. 말씀을 전하는 자는 우리가 '목사-주님'으로 믿고 따라
야 할 자가 아니다. 그는 세례 요한과 같이 "그는 흥하여야
하겠고 나는 쇠하여야 하리라"고 외치는 자가 되어야 한다.
그리고 그의 설교를 듣는 자들은 '목사-주님'이 아니라, 그
가 가리키는 말씀이신 주님을 보는 자들이 되어야 한다.

　이것은 설교에만 해당되는 것이 아니다. 성경 공부를 포

그림 55: 비텐베르크 슈타트교회의 제단화 아랫부분으로 크라나흐 2세에 의해 1547/48
년에 완성되었지만, 루터가 아직 살아있던 1532년에 시작한 것으로 간주한다. 루터가 설
교단에서 성경을 강해하며 오른손으로 십자가에 달린 그리스도를 가리킨다. 더 독특한
것은, 십자가에 달린 예수 그리스도가 설교자와 청중 사이에 있는 것이다. 이 구도를 통
해 설교를 듣는 것은 예수 그리스도를 보는 것이라는 루터의 견해를 부각한다. 동시에
성직자의 자리를 예수 그리스도와 신자 사이에 두던 '교황 교회'와 이 구조를 통해 성직
자를 중심에 두는 고해성사를 비판한다.

함하여 성경과 관련된 모든 일에 해당된다. 성경을 본문으
로 한다고 하여, 성경에 대해 무언가를 말하고 쓴다고 하

그림 56: 마티아스 그뤼네발트 M.Gruenewald가 1509-15년 사이에 목판 유화로 그린 이
젠하임 제단화의 가운데 부분. 십자가에 달린 그리스도를 가리키는 세례 요한의
검지와 그의 입 사이에 '그는 흥해야 하고 나는 쇠해야 한다'는 성경 구절이 라틴어
로 기록되어 있다. 이것은 루터의 설교에서 영감을 받은 것으로 간주하기도 한다.

여 그것이 반드시 그리스도를 드러내는 것은 아니다. 그래
서 루터는 다음과 같이 말한다.

> "내가 성경 번역을 시작하였을 때, 성경에 관해 쓰
> 는 것은 더 적어지고 성경 자체를 연구하고 읽는
> 것은 더 많아지기를 원했다. 성경에 관해 쓰는 것
> 도, '그는 흥해야 하고 나는 쇠해야 한다'고 세례
> 요한이 그리스도에 대해 말한 것처럼, 그리스도
> 를 지시하는 것이어야 한다. 그래서 모든 사람이
> 신선한 샘물에서 마시게 해야 한다. 공의회나, 교
> 부들이나, 내가 아무리 고상하게 잘 조언한다고
> 할지라도, 성경이 하는 것만큼 잘하지는 못한다.
> 그 때문에 우리는 예언자들과 사도들의 발 앞에
> 엎드려 그들이 무엇을 듣는지, 무엇을 말하는지
> 들어야 한다."WA50,658

설교와 성경 공부, 그리고 그 외 목회 활동을 통해 나를
보라고 부추기는 '목사-주님'의 시대는 지나갔다. '참 주님'
과 신자 사이에 자신의 자리를 매김하던 '목사-주님'의 시

대 또한 지나갔다. 그런데도 여전히 그런 '목사-주님'이 활개를 치는 것은 종교개혁 이전의 '교황 교회'를 모방하는 교회에서만 가능하다. 봉건주의적 사고방식에 갇혀 있는 교회에서만 가능한다. 부자세습을 해도 무조건 충성을 외치는 십자군병들로 차고 넘치는 교회에서만 가능하다.

이러한 교회에서는 성경의 진리가 상석에 앉지 못하며, 세상의 상식도 아무 역할을 하지 못한다. 오직 '교황 목사'의, '교황 목사'에 의한, '교황 목사'를 위한 논리만이 교회를 감싸고 있을 뿐이다. 건강한 이성의 소리는 말할 것도 없고, 성경을 통해 말씀하시는 하나님보다도 '교황 목사'의 말에 더 순종해야 한다는 소리가 진리로 메아리친다. 세속적인 너무도 세속적인 냄새로 가득 차 있으면서도, 거룩한 척 흉내를 내는 이런 교회의 특징은, 교회의 자리를 세상 가운데 두지 않고 스스로 구별하여 만든 방주에 둔다는 것이다. 예수 그리스도는 쇠해도, 자신들의 교회는 흥해야 한다며 세상 죄를 지고 가는 하나님의 어린양이 아니라, 영광의 방주와 그 방주의 상석에 앉아 있는 '교황 목사'만 바라보게 한다. 그래서 세상은 교회의 자리는 어디인지 묻는다. 중세 때만이 아니라 지금도 말이다.

7. 나의 소녀여, 그대는 어디에 있는가?

> "그녀는 나에게 사랑스럽고, 소중한 소녀이니
>
> 그녀를 잊을 수 없네."[WA35,462]

1535년에 비텐베르크에서 발행된 마르틴 루터 찬송가 개정판'[Geistliche Lieder auffs new gebessert zu Wittemberg. D. Mart. Luther]에 실린 곡으로 루터가 작사한 '거룩한 그리스도교의 교회에 대한 노래'[Ein Lied von der Heiligen Christlichen Kirchen]의 첫 번째 소절이다. 이 가사는 요한계시록 12장에서 빌려온 것으로, 이곳엔 아들을 낳은 여인을 죽이려는 용과 그 여인을 보호하는 하나님 사이의 전쟁이 나온다. 여인은 사탄의 공격을 피해 광야로 도망친다. 그곳에서 하나님께서 준비해 두신 곳에 거하며 사탄의 공격을 견딘다. 바로 이 성서의 내용에 나오는 광야 존재인 여인을 루터는 교회로 비유한다. 이를 통해 교회의 실존을 사탄으로부터 끊임없이 공격을 받는 광야의 존재로 묘사한다. 이것이 끝이 아니다. 그의 찬송가 3절의 마지막 소절은 이렇게 끝난다.

"어머니는 홀로 있어야 하는구나.

하지만 하나님께서 그녀를 보호하시리니

신실하신 아버지이어라."

루터에게 '사랑스럽고, 소중한 소녀'이던 교회의 현주소
는 광야이다. 이곳에서 사탄의 집요한 공격을 받으며 비로
소 '어머니'로 성숙한다. 신실하신 하나님은 광야의 존재인
교회를 세상 끝날까지 지키고 보호하실 것이다. 이것이 루
터가 자신에 의해 시작되고, 광야로 내몰림을 당하고, 각종
시련과 박해를 받으며 약 20년을 지나온 교회를 향한 고
백이다. 어린 소녀에서 각종 세속적, 영적인 세파를 견디며
어머니라는 보다 원숙한 여인이 되었지만, 여전히 머물러야
하는 곳은 광야다.

이 광야가 바로 교회의 자리다. 때론 사탄의 수중에 더
들어가는 것처럼 느끼기도 하고, 때론 하나님의 편에 더
기운 것으로 체험되기도 하는 광야 생활, 이것이 교회의
존재 방식이다. 사탄과 하나님 사이에서 하루에도 수십 번
씩 광야의 명과 암에 노출되는 현실, 이것이 교회가 받아
들이고 감내해야 하는 실존이다. 이러한 광야의 일상은 교

회에 불행이 아니다. 오히려 행복이다. 하나님의 보호하심을 경험하는 장이기 때문이다. 하나님의 떠남과 부재를 경험하기도 하지만, 하나님의 의로우심, 하나님의 신실하심을 맛보는 은혜의 자리이기도 하기 때문이다.

위기 속에 있는 한국교회가 '사랑스럽고, 소중한 소녀'를 찾기 위해 가야 할 곳, 그곳은 광야다. 그곳엔 '회개하라'는 2,000년 전의 소리가 아직도 원시의 힘을 가지고 울려 퍼지고 있다. 500년 전에 루터는 95개 논제의 첫 번째 조항을 '회개하라'는 주님의 말씀을 상기시키며 우리의 발길을 또다시 이 광야로 초대한다. 이 광야 길은 부끄럽고 얼룩진 교회의 창을 닦고 닦으며 참회록을 써야 하는 지난(至難)한 길이다. 속을 뒤집어 보이는 것이 당장은 한국교회를 부끄럽게 하고 피해를 주는 것 같지만, 실은 밝아오는 브니엘의 여명을 보게 하는 희망의 길이다. 얍복강을 건너게 하는 희망의 길이요, 시시포스의 운명을 넘어 참된 자유를 누리게 하는 희망의 길이다. 이 희망의 도상에서 우리는 '사랑스럽고, 소중한 나의 여인'을 다시금 만나게 될 것이다.

이 장의 초두에서 본회퍼가 인용한 루터의 시편 110편 3절 후반부에 대한 주석을 루터의 말로 다시 들어보자.

"'너의 통치는 너의 적들 한가운데 있어야 한다.'
이 말의 뜻은 내가 너의 나라를 친구들 가운데,
장미나 백합 가운데가 아니라 가시와 적들 가
운데 두었다는 것이다. 그러므로 하나님을 섬기
고 그리스도의 종이 되고자 하는 모든 자는 많
은 찔림과 고난을 감수해야 한다. … 네 주변에
는 원수들이 있어야 한다. 너는 홀로 그들 가운
데 있어야 한다.

그러므로 가시들이 우리를 찌른다. 이것은 사람
들의 악한 말과 못된 소행(所行)으로 사탄이 불어넣
는 것이다. 이것을 감내하려 하지 않는 자는 그
리스도의 통치로부터 살고자 하지 않고, 친구들
가운데 있고자 하고, 장미와 백합 가운데 앉고
자 하는 자이다. 악한 자들이 아니라 단지 경건
한 자들과 함께하고자 하는 자이다. 그래서 그는
악한 자들을 미워하고, 저주하고, 비방하고 오직
경건한 자들만을 찾고 칭송한다. … 그러나 그리
스도의 참된 형제는 악한 자들을 사랑하고 축복
하고 용서해주고 그들을 위해 기도한다. … 그는

고약한 이단들처럼 행하지 않는데, 이들은 악한
그리스도인들에게서 도망가고 자기 자신들의 울
타리 안에만 머문다. 오, 너희 하나님을 모독하
며 그리스도를 배신하는 자들이여! 그리스도께
서 너희가 행하는 것처럼 그렇게 행하셨다면, 도
대체 누가 구원을 얻었겠는가? 그는 자신의 신성
과 경건함과 지혜를 비우고, 죄인과 인간과 어리
석은 자들과 함께하고자 하셨다. 그리고 그들의
소원을 들어주고자 하셨다. 그들을 자신에게 취
하시고자 하셨지, 영적으로 경건한 자들이나 의
로운 자들과 관계를 갖고자 하지 않으셨다. 그런
데 너희 모순으로 가득 찬 자들아, 너희는 무엇
을 하느냐? …

하나님의 자녀들은 악한 자들과 사귀는 것을 피
하지 않는다. 오히려 그들을 찾아 도와주고자 한
다. 그들은 혼자 하늘에 가려 하지 않는다. 가장
악한 죄인들과 함께 가고자 한다. 그들이 원한다
면 말이다."WA1,696-97

V. 나가는 아니리

1. 예루살렘이 아니라 아라비아로! - 칼 바르트의 『로마서』로 루터를 갈무리하다

1916년 6월, 스위스의 한 작은 동네교회를 목회하던 바르트는 "로마서를 한 번도 읽어 보지 못한 사람처럼" "이전보다 더 깊이 있게" 읽어 나간다. 2년여의 치열한 읽기를 거쳐 『로마서』가 세상의 빛을 본다. 이것은 단순한 로마서 주석이 아니다. 당시의 교회와 신학을 지배하고 있던 '시대정신'이 교회와 신학을 오염시키는 탁류라고 가차 없이 공격하는 광야의 소리다.

모든 광야의 소리가 그러하듯, 신학의 중심과 상석을 향한 그의 비판도 혹독한 비웃음과 비난의 포화를 받는다. 그런데 그를 가장 괴롭힌 것은 자신의 『로마서』가 옛 패러다임의 옷을 완전히 벗지 못했다는 성찰이다. 다시 말해, 당시 신학계를 풍미하던 주류의 때를 벗지 못했다는 자기비판이다. 그래서 그는 기독교의 중심, 곧 주류 신학의 전통에서 벗어나 새로운 길을 가리라 결심한다. 그리고 자신의 『로마서』를 부분 개정이 아니라, 아예 처음부터 다시 쓰겠다는 마음으로 로마서로 다시 들어간다. 이렇게 하여 초판이 나오고 2년 뒤에 2판이 나온다.

바르트의 『로마서』 2판 서문에서 눈에 띄는 것이 있다. 바로 서문 앞에 나오는 제사^{題詞}로 초판에는 나오지 않았던 것이다. 헬라어로 성경 구절을 인용하고 있는데, 갈라디아서 1장 17절 말씀이다.

> "οὐδὲ ἀνῆλθον εἰς Ἱεροσόλυμα ... ἀλλ' ἀπῆλθον εἰς Ἀραβίαν"
> 그는 예루살렘으로 올라가지 않고 아라비아로 갔다.

이 제사는 자신의 신학적 입장을 대변하는 상징적 표현이다. 『로마서』 2판은 그저 단순히 1판을 수정한 것이 아니다. 스승 시대의 신학적 전통과는 결별하고, 결이 완전히 다른 새로운 길을 가겠다는 신학적이며 신앙적인 선언이다. 혹 그것이 전통의 관점에서는 비기독교적으로 보이고 그렇게 취급을 받더라도 정통의 중심으로 가지 않고, 정통의 맛을 전혀 느낄 수 없는 낯선 변방으로 가 그곳에서 새로운 신학의 물을 긷겠다는 폭탄적인 선언이다. 이것을 그의 책 1,000고지를 지난 자는 분명하게 읽어낼 수 있다.

"바울주의의 특징이란 '남의 터 위에 건축'하는 것을 자랑스럽게 거부한 것이다. 바울은 철저하게 비역사적으로 사유한다. 그는 기존의 그리스도교적인 것과 접촉하지 않음으로써 가장 비타협적인 방식을 택한다. 그는 가장 신성한 전통을 계승하지 않는다. 그는 가장 위대한 역사적 유산들에 대해서 직접적으로 '예'라고 말하지 않는다. 그중에서도 가장 위대한 역사적 유산, 곧 '육신을 따라 아는 그리스도'에 대해서도 마찬가지다. 그는 모든 기존의 '기둥들'(갈 2:9)에 대해 기묘한 의심, 비웃는 듯 의심을 제기한다. 그는 혈육과 의논하지 않았다. 그는 가장 원칙적인 방법, 곧 예루살렘으로 올라가는 것을 택하지 않고 오히려 아라비아로 내려갔다(갈 1:16-17). 그는 자신의 복음이 그 어떤 인간에게서 받거나 배운 것이 아니라는 사실을 철저하고 확실하게 주장했다. 이른바 '건전한' 신학적, 교회적 중용이 어느 때건 '역사적이지 않은 열광주의'를 향해 던지는 비판은 바울에게도 그대로 적용된다. 사실 이 모든

낯선 것은 전혀 중요하지 않으며, 다른 현상과 마
찬가지로 역사적인 현상이 분명하다. 하지만 뭔
가 의미심장한 것일 수도 있다. 전적으로 다른 낯
섦, 전적인 타자성의 증언일 수도 있다. 그렇다면
거기에 대해 비방하는 것은 얼마나 불필요하고
도 위험한 일인가!"[1043쪽]

지금까지 내려오던 "신성한 전통"을 읊조리지 않고, 기독
교의 기둥이라 할 수 있는 그 전통에 의심을 제기하는 것,
이것은 사실 신학계에서, 기독교계에서 매장되는 미친 짓
이다. 그런데 바르트는 바울과 함께 "열광주의'라는 비판의
뭇매를 맞는 길을 선택한다. 신학의 중심지인 예루살렘으
로 올라가는 것을 택하지 않고 신학의 불모지인 아라비아
로 내려간다.

바르트의 『로마서』는 예루살렘에 터를 잡고 있는 신학
과 예루살렘으로 올라가는 신학의 길을 통렬히 비판하는
아라비아 광야의 소리다. 1,900년이라는 역사를 훌쩍 뛰어
넘어 전통의 아스팔트에 깔려 숨을 쉬지 못하던 원시 광야
의 소리를 다시금 들려주는 세례 요한의 목소리다. 세례 요

한이라고? 그렇다. 바르트는 세례 요한처럼 예수 그리스도를 가리키는 과감한 시도를 한다. 베드로와 바울로 대표되는 기라성 같은 신학자들의 주장에 아랑곳하지 않는다. 아니, 그 주장들이 "그림책에서 그림은 보지 않고 종이와 색만 분석하는 사람들의 상황"에 이르게 되었음을 폭로한다.[53쪽] 그리고 그들이 상석에 앉아 있는 예루살렘으로 향하지 않고, 바울과 함께 아라비아로 간다.

그런데 바울이 올라가지 않은 예루살렘은 어떤 곳인가? 그곳은 예수님의 죽음과 부활이 역사적으로 일어난 곳이다. 그 때문에 막 터를 닦기 시작한 교회에 매우 중요한 역사적인 장소다. 예루살렘은 예수님의 수제자들이 머물던 복음의 중심지다. 교회의 반석을 비롯해 교회의 핵심적인 기둥들이 있는 곳이다. 예수님의 가르침에 대해 배우려면 이들에게로 올라가 이들에게서 배워야 한다. 예수님의 사후, 이곳보다 더 확실한 신학교는 없었다. 예루살렘은 권위를 가진 신학 교수들이 있는 확실한 신학교였다.

그런데 이제 막 개종한 사울은 왜 이 보장된 신학교로 가는 길을 마다하는 것일까? 대신 왜 아라비아로 가는 길을 택할까? 아라비아에도 예루살렘 못지않게 기둥 같은 수제자들이 가르치는 신학교가 있었던 것일까? 아니면 예루살렘 신학교의 분교라도 있었던 것일까?

'아라비아'라는 말은 신약성경에 딱 두 번만 나오지만 구약에는 제법 나오는 말이다. '아랍'이라는 말로 나오는데, 기본 뜻이 '사막', '광야'다. '아랍'이라는 말은 구약에서 시나이반도의 북쪽 지역을 가리키는 고유명사로 쓰이지만, 항상 '사막'을 떠오르게 하는 말이다. 이 말의 헬라어 음역이라 할 수 있는 '아라비아'도 마찬가지가 아닐까?

이렇게 이해하는 것이 가능하다면, 바울이 예루살렘 신학교 대신에 선택한 아라비아 신학교는 나름대로 의미가 있는 곳이다. 세례 요한이 태어나고 자라는 과정과 관련해 누가복음 1장 80절은 그가 "이스라엘에게 나타나는 날까지 광야"에 거했다고 기록한다. 그런데 이 세례 요한에 대해 그의 아버지 사가랴는 다음과 같이 예언한다.

> "아가야, 너는 더없이 높으신 분의 예언자라 불릴 것이니, 주님보다 앞서서 그의 길을 예비하고, 죄 사함을 받아서 구원을 얻는 지식을 그의 백성에게 가르쳐 줄 것이다."누가복음 1:76-77, 새번역

세례 요한은 광야에 거하며, 주님의 길을 예비하고 죄 사함과 구원을 전하고 가르치는 예언자로 성장해 간다. 이 것과 관련이 있으나, 더 중요한 사건에 대해 누가복음 3장 2절은 이렇게 기록한다.

> "안나스와 가야바가 대제사장으로 있을 때, 하나
> 님의 말씀이 광야에 있는 사가랴의 아들 요한에
> 게 내렸다."^{새번역}

세례 요한은 제사장들과 서기관들이 있는 예루살렘 신 학교에서 하나님의 말씀을 배우지 않았다. 그 유명한 힐렐 이나, 가말리엘이나, 샴마이와 같은 유명한 신학자들 밑에 서 배우지도 않았다. 이러한 중간자들을 거치지 않고 광야 학교에서 하나님께 직접 배웠다. 따라서 그는, 바르트의 말 로 표현하면, "역사적이지 않은 열광주의"라는 비판을 받 을 수 있는 위치에 있었다. 그러나 그는 자신의 위치를 정 확하게 알고 있었다. 하나님께 직접 배운 광야 신학교 출신 답게 예루살렘의 상석에 앉으려 하지 않았다. 성전의 꼭대 기에 오르려 하지 않았다. 그는 주의 길을 예비하는 자로

서 그분보다 먼저 났으나, 그분이 자신보다 먼저 계신 자였
다고 선언한다.요한복음1:30 스스로 하나님의 어린양으로 간주
하지 않고, 그 하나님의 어린양을 가리키는 역할로 만족한
다.요한복음1:36 자신을 따르는 자들보다 그분을 따르는 자들이
많아지자 시기하지 않고, 그분의 흥함을 위해 쇠하는 길을
걷는다.요한복음3:30 이것이 예루살렘 신학교에서 권위 있는 신
학자들이 아니라, 사막 신학교에서 하나님께 직접 배운 세
례 요한의 모습이다.

바르트는 예루살렘으로 올라가지 않고 아라비아로 간
바울에게서 바로 이러한 모습을 본 것 같다. 바르트에게
신학적인 영감을 준 '그뤼네발트의 그림에 나오는 세례자
요한의 손', 바울이 사막 학교에서 바로 이 손이 되는 공부
를 하였다고 간주하는 것 같다. 스스로 그리스도가 되거나
그분의 자리에 앉지 않고, 오직 이 그리스도를 가리키는
손이 되는 비결을 배웠다고 간주하는 것 같다. 바로 이런
바울을 '하나님처럼 되리라'는 유혹에 빠져 하나님의 자리
를 도둑질하는 예루살렘의 신학자 및 목회자들과 대비시
키는 것 같다.

바르트는 예루살렘 신학교에서 배운 자들과 아라비아

사막 학교에서 배운 자들을 구분한다. 전자가 세운 기독
교가 "그리스도인-교"$^{Christen-tum}$라면, 후자가 세운 기독교는
"그리스도-교"$^{Christus-tum}$라 할 수 있다.^{158쪽} 전자는 "율법을
가진 인간, 각성한 인간, 고취된 인간, 기다리는 인간, 하나
님을 향하는 인간, 종교적인 인간"이라는 이름을 가졌지만
실은 "가장 눈에 보이는 의미에서 죄인"이다. 그래서 바르
트는 이들에 관해 다음과 같이 말한다.

> "아무런 관심이 없는 대중이 아니라 종교적 관심
> 이 있는 사람들에게서, 암거래상이나 포주가 아
> 니라 목사들과 그 친구들에게서, 극장이 아니라
> 교회에서, 의학자들의 불경스러움이 아니라 신
> 학대학에서, 자본주의자나 군국주의자들이 아니
> 라 종교 사회주의자와 활동가들에게서, 세상의
> 자녀들이나 읽는 오락 문학이 아니라 지금 이 책
> 과 같은 서적에서, 바로 거기서 요셉의 환난(아모
> 스 6:6)이 터져 나온다."^{407쪽}

바르트가 보기에 지금 문제가 되는 것은 세상이 아니라

교회다. 믿지 않는 자들이 아니라, 믿는다고 하는 이들이다. 하나님의 이름을 내세우는 예루살렘 신학자들의 말과 글로 인해 하나님이 수치를 당하고 있다. 교회에서 선포하는 복음 때문에 하나님이 길거리의 가십거리가 되고 있다. 그 때문에 예루살렘 종교에 대해 그는 회의한다. 이런 종교가 종교의 역할을 할 수 있을까? 이런 종교를 다른 사람들에게 믿으라고 전할 수 있을까? 바르트는 다음과 같이 자문자답한다.

> "종교는 그런대로 참을 만한 것, 아니 환영할 만한 것, 흥미로운 것, 우리의 삶을 풍요롭게 하는 것이라고 권면할 수 있는가? 모든 문화와 야만의 자체적인 내부 문제들 때문에 안 그래도 충분히 시달리고 있는 사람들에게 그 문화의 고귀한 보완 혹은 대안으로서 종교를 들이미는 것이다. 의기양양하게 종교를 학문, 예술, 도덕, 사회주의, 청소년, 민족주의, 국가와 결부시킨다. '종교와 …'라는 치명적인 표현이 진지한 모습으로 나타나는 곳이라면 거기가 어디든 풀 한 포기도 자라

지 않는다는 사실은 수없이 많은 경험을 통해 명
백해졌는데도 마치 그게 무슨 소리냐는 듯이 말
이다. 그 모든 것을 선포하는 이상한 지도자들은
자신을 합리화하며 말하기를, 수백만의 많은 사
람이 무조건 그런 식으로 지도받기를 원한다고
하며, 그들이 종교적 가능성을 추구하되 … 그렇
게 해서 자기 자신에게 어떤 유익을 끼치기 원하
며, 그래서 다른 모든 면에서도 경건해진다고 하
는데, 그 말을 믿을 수 있는가? … 지도자건 지
도를 받는 자들이건, 그들 모두는 그런 행동으로
말미암아 자기가 앉아 있는 나뭇가지를 톱질하
는 꼴이며, 자기가 잠자고 싶어 하는 집에 불을
붙이는 꼴이며, 자기가 올라타고서 저 심연을 건
너고 있는 배에 구멍을 내는 꼴이다."[575-576쪽]

바울도 예루살렘 신학교를 나왔다면 그의 복음전파 또
한 "자기가 앉아 있는 나뭇가지를 톱질하는 꼴"이며, "자기
가 잠자고 싶어 하는 집에 불을 붙이는 꼴"이며, "자기가
올라타고서 저 심연을 건너고 있는 배에 구멍을 내는 꼴"

에 불과했을 것이다. 복음과 교회는 같은 것 같지만, 실은 다른 것이다. 예루살렘을 거쳐 세워진 "교회는 복음과 대립하여 서 있다."698쪽 "복음은 교회의 지양"이고, "교회는 복음의 지양"이다.700쪽

교회가 정말 복음을 지양할까? 정말 복음과 대립할까? 어떤 교회가 이런 교회일까? 바르트가 상정하는 예루살렘 교회, 예루살렘으로 올라가 예루살렘 신학을 토대로 세워진 교회는 "승리에 도취한 교회, 시류를 따르는 교회, 대중의 인기에 영합하는 교회, 현대적인 교회, 인간의 모든 욕구를 만족시키는 교회, 모든 치욕에도 불구하고 언제나 자기 확신에 가득 찬 교회"를 말한다.765쪽 이런 "교회적 삶"으로 충만한 교회는 경건한 교회인 것 같지만 실은 "하나님의 교회"가 될 수 없는 교회다.765쪽 이런 교회의 치명적인 죄는 "교회가, 세상이 아니라 교회가 그리스도를 못 박았다"는 것이다.793쪽 그 결과는 무엇인가? 그것은 교회의 버림받음이다.

  "교회의 '버림받음'은 교회가 시도한 최종적이고
    가장 고귀한 인간적 시도, 곧 하나님의 말씀을

듣고 말하는 시도가 영웅[거인]의 시도가 되어
심판을 받은 불가능한 일이라는 사실이며, 바로
그 시도가 그 어떤 인간적인 시도보다도 인간에
게 큰 짐이 되고 있다는 사실이다. 여기 그 증거
가 있으니, 교회가 그리스도를 십자가에 못 박은
것이다. 교회는 하나님을 찾는다고 하면서도 그
분을 만나면 그분을 내팽개친다. 그분을 붙잡을
수 있는 능력이 없기 때문이다. … 몰락한 교회,
끝장난 바리새주의야말로 바로 그 명백한 특성
때문에 현존재의 최종적인 인가認可이다."825쪽

교회가 몰락했다니? 종교적 형태로서의 교회란 이제 끝
장이 났다니? 그렇다면 이제 무엇을 말해야 하는가? 바르
트는 교회의 울타리를 뛰어넘는 답을 제시한다.

"하나님의 의에 굴복하여 영원한 생명을 기다리
고, 영원한 구원을 기다리고, 영원히 수치를 당
하지 않음을 기다리는 사람들이 있다. 그들은 교
회 안에 있는가? 교회 밖에 있는가? 그들 자신

이 새로운 교회인가? 이 물음은 의미 없는 물음
이다. 우리는 로마나 고린도나 에베소에서 회심
한 몇몇 '이방인'을 말하는 것이 아니다. … 우리
는 교회가 더불어 경쟁할 수 있는 어떤 실체, 교
회가 거기에 맞춰 자신을 평가할 수 있는 어떤
실체를 말하는 것이 아니다. 우리는 하나님의 나
라를 말하고 있다. 주님을 부르는 믿음의 이방인
들이라고 우리가 말하는 사람들은 철저하게 종
말론적 실체다. … 우리는 이 사람들을 교회와
마주 세운다."[786-87쪽]

'교회 안'만이 아니라 '교회 밖'도라고? 아니, 교회 자체
가 아니라 '하나님 나라'라고? 그렇다. '하나님 나라'는 교
회라는 역사적인 실체 안으로만 축소될 수 없다. 축소되지
도 않는다. 축소되어서도 안 된다. 이 '하나님 나라'에는 예
루살렘 교회가 '교회 밖' 사람들이라고 소외시키는 이들도
자신의 자리를 가질 수 있다. 예루살렘 교회에서 말하는
구원의 방주 안으로 들어가지는 않았지만, 들어갈 수도 없
지만, '하나님 나라'의 잔치 자리에 참석하는 "주님을 부르

는 믿음의 이방인들"이 있다. 바르트는 바울의 로마서가 바로 이런 자들을 향한 것이라고 간주한다. 그 때문에 예루살렘 신학교에서 통용되는 신앙적인 법이 아니라, 다른 법이 적용된다고 말한다.

> "로마서는 어떤 권위에 대한 믿음에 호소하거나 구성적인 사유 능력에 호소하지 않는다. 고차원적인 세상의 인식이나 어떤 특별한 체험 능력에 호소하지 않는다. 교양을 쌓은 양심이나 종교적 감정에 호소하지도 않는다. 로마서는 '공통감'$^{sensus\ commnis,\ 상식}$, 곧 '보편적인 진리 감'에 호소한다. 이 세대가 자랑하는 소위 '단순함'^{Einfachheit}이란 것이 얼마나 뒤죽박죽인지를 꿰뚫어 보고 거기에 신물이 난 사람들의 어린아이 같은 순수함^{Einfalt}에 호소한다. 또한 로마서는 이방인들의 정직에 호소하고, 인간 삶의 정황을 객관적으로 관찰한 것에서 주저하지 않고 기꺼이 전적으로 회피하지 않으려는 마음에 호소한다."$^{1033-034쪽}$

로마서에 대한 바르트의 이 평가는 그의 『로마서』에도 해당할 수 있다. 아니, 어쩌면 바르트는 이 말로 자신의 『로마서』에 대한 비판적인 목소리들을 잠재우려고 했는지도 모른다. 아예 신학의 전통과 신앙의 눈으로 자신의 『로마서』를 재단하려는 시도에 제동을 걸려고 했는지도 모른다. 사실 그는 바울과 함께 예루살렘으로 올라가지 않고 아라비아로 가는 길을 택한다. 그래서 신학자들의 하나님이 아니라, 이방인들의 정직함에 호소한다. 특정한 옷을 입은 "종교적 감정"이 아니라, 보편적인 "양심"에 호소한다. 이러한 주장을 교회나 교리의 권위로 짓밟는 예루살렘의 신학자들을 향해 바르트는 키르케고르의 말을 인용하며 날 선 칼을 빼 든다.

> "신학 교수가 된다는 것은 그리스도를 못 박는 것이다."[899쪽]

정말 무시무시한 이 말로 바르트는 자기 스승의 시대를 풍미하던 신학 사조 및 시대정신을 가차 없이 비판한다. 하나님을 향하여 의기양양하게 올라가는 모든 신학적 주장

과 움직임들에 대해 가차 없는 공격을 가한다. 신앙을 심리
분석으로 설명하려는 심층 심리학적 시도도 거부한다. 신
앙을 인간의 내면과 관련된 감성과 지성의 고양으로 간주
하는 존재 추구적인 '영성'주의도 거부한다. 신앙을 이러저
러한 경건의 모양과 동일시하려는 행위 추구적인 '경건'주
의도 거부한다. 이 모든 것을 하나님을 향하여 쌓아 올리
는 바벨탑으로 간주하기 때문이다. 안으로 깊이 들어감과
위로 높이 올라감의 정점에서 만나는 신은 인간이 만들어
낸 종교적인 신에 불과할 뿐이다. 이 '거짓 신'에 비해 참 하
나님은 인간의 모든 가능성 저편에 '전적 타자'로서 계시면
서, 동시에 인간을 향하여 내려오시는 분이다. 이 하나님과
함께 바르트는 인간 중심적이며 낙관주의적 사고에 사로잡
혀 있던 그의 스승들의 한계를 뛰어넘고 새로운 시대를 연
다. 물론 그도 한 인간의 한계 안에 갇혀 있지만 말이다.

  바르트는 비교적 장수하였다. 그리고 대학 강의도 정년
을 넘어 오랫동안 하였다. 그런데 아직 대학교수가 되기 전
의 젊은 바르트에게서 발견되는 예루살렘 교회와 신학에
대한 비판의 기조는 그의 마지막 강의까지 이어진다. 75세
인 1961년에 강의했던 『개신교 신학입문』에는 40년 전에

『로마서』에서 펼쳤던 그의 독설이 여지없이 나타난다. 아모스 5장을 변주하여 학생들에게 쏟아낸 그의 말을 직접 들어보자.

> "내가 너희의 강의와 세미나들, 설교와 강연들, 또 성경 공부들을 미워하고 멸시하며, 너희의 토론과 학회들, 그리고 휴식 시간의 담소를 흠향하지 않는다. 너희가 해석학적, 교의학적, 윤리학적, 목회적 지식을 서로에게 그리고 내 앞에 펼쳐 놓더라도, 나는 그러한 희생제물을 즐겨 받지 않으며, 살찐 송아지의 제물도 돌아보지 않는다. 늙은 이들은 두꺼운 책을 끼고, 젊은 것들은 학위 논문을 쳐들고 벌이는 고함 잔치를 내 앞에서 치워 버려라."『개신교 신학입문』 24쪽

바르트는 분명 각을 세웠다. 예수의 본정신을 잊어버리고 잃어버린 예루살렘으로 대변되는 주류정신에 저항하며 광야로 출애굽하였다. 그리고 그곳에서 들려오는 원시의 소리에 복종하고자 하였다. 그냥 습관적인 종교 문화가 된

교회에 저항하며 광야 교회로 출애굽하였다. 그리고 그곳
에 아직 남아 있는 원초적인 인간의 제소리에 복종하고자
하였다. 어쩌면 이런 삶의 지향 때문에 나치 종교에 저항하
고 성서의 하나님께 복종할 수 있지 않았을까?

   2. 이제는 그만!

   2018년 8월 8일에 나는 페이스북에 '이제 그만 우려먹
자!'라는 제목으로 다음과 같은 글을 올렸다.

      '하나님'이란 말을 들먹이며
      우리는 얼마나 많은 것을 우려먹었는가?
      '천국'이나, '구원'이라는 말을 팔며
      우리는 얼마나 많은 것을 우려먹었는가?
      '심판'이나, '지옥'이라는 공갈협박으로
      우리는 얼마나 많은 것을 우려먹었는가?
      '은혜'나, '신앙'이란 말로 포장하여
      우리는 얼마나 많은 것을 우려먹었는가?

'치유'나, '회복'이란 말로 현혹하며
우리는 얼마나 많은 것을 우려먹었는가?

그런데 성경의 예수는
바로 이 우려먹는 삶에 익숙해 있던
종교지도자들에게 일침을 가하지 않았던가?
종교적인, 너무도 종교적인 말로
사람들을 세뇌해
그들을 종교적인 노예로 만들고
그들 위에 군림하던 종교 권력들의 종교성에
죽음으로써 저항하지 않았던가?

그런데 아이러니하게도
기독교의 역사를 돌이켜 보면
역사의 중심에 서 있던 주류 세력은
하나님의 은혜가 충만한
거룩한 진리의 수호자들로 평가되었다.
그리고 그들에게 빌붙어 단물을 빼먹던 자들에 의해
그들의 진리는 하늘을 찌르는 바벨탑으로 세워지고

가장 인기 있는 시대정신으로 팔려나갔다.

대신 예수의 본정신을 붙들려는 자는
진리를 위협하는 이단아로 단죄를 받고
하나님께 버림받은 믿음 없는 자로 낙인찍혔다.
신물이 나지 않는가?
아직도 이런 역사가 되풀이되고 있다는 것이!
예수의 본정신이 아니라
예수의 이름을 사칭하는 장사꾼들이
이런저런 이름으로 만들어낸 예수 이야기가
시장의 진열대를 독식하고 있다는 것이!

이젠 '그들'이 파놓은 '기독교'라는 동굴에서
나와야 할 때가 되지 않았을까?
이젠 '그들'이 동굴 벽에 새긴 '기독교 교리'에서
떠나야 할 때가 되지 않았을까?
이젠 '그들'이 동굴 속 신화로 만든 '예수 이야기'에서
귀를 돌려야 할 때가 되지 않았을까?

나는 몇 년 전부터 고민하고 있다.

기독교가 이 정도로 얄팍한 종교인지에 대해.

은혜니, 구원이니, 치유니 하는 말들이

이 정도로 값싼 싸구려 상품들인지에 대해.

교회에서 말하는 복음이

이 정도로 상식이 없는 부끄러운 언言인지에 대해.

나는 이런 미성숙한 동굴을 나가고 싶었다.

그래서 그 한 발을 내디뎠다.

그런데 나는 아직도 여전히

이런저런 모양으로

기독교를 우려먹는 자들과 함께

기독교를 팔고 있다.

오늘 나는

예수의 이름으로 기독교를

시장바닥의 상품으로 전락시킨

나 강치원을 고발한다.

더구나 기본적인 상도商道조차 지키지 않는

저질적이고 악질적인 종교로 둔갑시키는 행렬에

목사로, 신학자로 서 있는
나 강치원을 고발한다.
그리고 아직도 우려먹는 쳇바퀴에서
뛰쳐나오지 못하고 서성이는
나를 고발한다.

이 글에 대해 나는 어디서, 무엇을, 어떻게 하려는지에 대한 질문을 받았다. 그리고 그 질문에 대한 답을 '기독교의 비기독교화, 탈기독교화'라는 제목으로 다음과 같이 하였다.

저는 길 위에서 예수를 따르기 위해
섬기던 교회를 떠났습니다.
그런데 이 길이 나를 어디로 데려갈지,
이 길의 끝에
제가 도착하게 될 곳이 어떤 곳인지
저도 잘 모르겠습니다.

저는 기독교의 비기독교화를 시도하고 있습니다.
이를 위해 모든 기독교적인 용어와 전통을

새롭게 읽고 해석하는 작업을 하고 있습니다.

종교적인 노예와 종교적인 권력을 양산시키는

'구원'과 '저주', '천국'과 '지옥' 등의

원시적이고 범종교적인 사고의 틀을 깨고

이 감옥에 갇혀 있는 이들을

'출애굽'시키는 작업도 하고 있습니다.

'계시'에 대한 과도한 집착으로

'이성'을 불신앙의 사도로 치부하며

믿음을 생각하지 않는 맹신이나

비이성적인 미신으로 전락시키는

기독교의 천박성을 밝히 드러내고

그 옷을 벗기는 작업도 하고 있습니다.

'절대 진리'를 소유하고 있다는 기독교가

실은 얼마나 아편을 팔고 사는 종교가 되었는지를

가슴 아프게 직시하며

'맛 중독'에 찌들은 신자들이 스스로

해독의 약을 찾아 먹을 수 있도록

돕는 일도 하고 있습니다.

각종 관행에 찌들어 있는
기독교의 비기독교화, 탈기독교화!
이것이 제가 하고 있는 그 무엇입니다.
이 작업의 끝에 남게 되는
기독교가 어떤 모습일지
저도 아직 잘 모르겠습니다.

이런 작업은 제 사고의 한계 안에 갇힌
지극히 사적인 것으로 끝날 수 있습니다.
그 때문에 교회사적으로 객관화하는
학문적인 작업도 병행하고 있습니다.
또한 책상 앞에서의
사변적인 유희로 끝날 수도 있습니다.
그래서 살아남고자 하는 속살거림에 저항하며
'길' 위의 사람이 되고자 합니다.
설교 강단에 서서 하나님의 말씀을 대언하는 것이,
학교 강단에 서서 진리를 외치는 것이
막히고 거절된다고 할지라도
영문 밖으로 나가는 그분의 '길'을
따라 가고 싶습니다.

그리고 '그 길' 위에서
또 다른 길동무들을 위해 길이 되고 싶습니다.
그렇게 저는
기독교가 비기독교화된 광야에서
'제 3의 길'을 닦고자 합니다.
단순히 '탈교회'. '탈교단', '탈신학교'가 아닙니다.
관행의 길을 진리의 길인 양 걷고 있는
기독교의 '탈기독교',
이것이 제가 발을 내딛은 수행의 길입니다.

그런데 이 길은
'너나 잘 하세요'라는
정당한 조롱과 비난을 피할 수 없습니다.
하여, 내적 성찰을 더욱 치열하게 하며
내 안과 밖을 하나가 되도록 노력할 것입니다.
그래서 내 속에서 꾸며진 소리가 아니라,
'제소리'가 나오도록
'나'를 '나' 되게 하는 일을
쉬지 않고 할 것입니다.
이를 위해 '샘'의 근원으로 돌아가

그분의 물을 마시는 일을
게을리 하지 않을 것입니다.

이것이 관행이 된 기독교의 진리에 저항하는
가장 단순하면서도 강력한 길이기에.

저항과 복종으로서의 떠남과 본질로 돌아감을 나는
2019년 1월 6일에 교회를 창립하는 한 교회에서 "'그때'의
귀향과 '오늘'의 귀향"이라는 제목으로 설교를 한 적이 있
다. 이것을 여기에 실으며 루터의 저항과 복종의 길을 성서
적으로 다시금 반추하고 한국교회에 적용하고자 한다.

3. 교회를 떠나 교회로의 귀향

한 무리의 사람들이 있었다. 교회가 공식적으로 억압과
탄압을 받던 시기에 역설적이게도 교회를 세우겠다고 뜻
을 모은 사람들이다. 교회가 없기 때문에 교회를 세우고자
한 사람들이 아니다. 교회가 있었다. 그것도 제법 규모가

있고, 강원도의 어머니 교회라 불릴 정도로 나름 유명한 교회였다. 이런 교회가 있는데도, 그들은 왜 새로운 교회를 세우려 한 것일까? 더욱이 그들은 다니던 교회에서 핵심적인 리더 역할을 하던 자들이었다. 그들은 도대체 왜 편안하게 누릴 수 있는 기득권과 존경받을 수 있는 명예를 다 내려놓고 교회 개척이라는 광야 길을 택한 것일까?

그들은 규모가 있는 교회나, 유명세가 있는 교회를 향하여 가지는 세인들의 생각을 공유하지 않았다. 그들은 교회의 교회다움을 규모나, 유명세나, 목회자의 인지도에 두지 않았다. 아무리 교회가 크고 알려졌다고 할지라도 교회를 교회 되게 하는 본질을 잃어버리고 존재 기반을 상실한다면, 그들에게 있어서 그런 교회는 그냥 건물에 불과할 뿐이었다. 그저 사람들이 자기 생각을 투사하여 만든 종교모임으로밖에 보이지 않았다. 그들은 잃어가고 있는 교회의 본질을 붙잡고자 했고, 무너져가는 교회의 존재 기반을 다시 세우고자 하였다. 그래서 정들었던 교회를 나와 광야 길을 택하였다. 그들의 이 광야 흔적이 바로 감리교 선교구역이던 강원도에 장로교회를 세운 것이다.

이 교회를 창립했던 그들의 길을 나는 귀향으로 간주한

다. 교회를 나온 자, 곧 교회를 떠난 자들의 길을 귀향이라 칭하는 것은 일견 모순으로 들린다. 그래서 '귀향'이라는 말 앞에 한 단어를 첨가하여 '본질로의 귀향'이라 부르고자 한다. 그렇다. 그들의 교회 떠남은 오히려 교회로의 귀향이었다. 그들의 떠남은 본질을 잃어버린 교회로부터의 떠남이요, 동시에 본질을 회복하기 위한 교회로의 귀향이었다.

누가복음 15장에는 유명한 비유가 나온다. '아들을 잃음과 다시 얻음에 관한 비유'다. 12절에서 집을 떠나는 둘째 아들이 아버지에게 상속분을 요구한다.

> "아버지여 재산 중에서 내게 돌아올 분깃을 내게
> 주소서."

여기서 '재산'이라는 말의 헬라어 단어는 '우시아^{οὐσία}'다. 이 말은 헬라 문화와 철학에서 '본질', '존재'라는 의미로 깊이 뿌리를 내리고 있는 말이다. 기원후 325년에 있었던 니케아 공의회를 전후하여 하나님 아버지와 아들 예수 그리스도가 동일한 '본질'을 가지고 있다는 것을 논쟁할 때 사용된 바로 그 단어다. 초대교회에서 신학적으로 가장 중요한 말 중의 하나였다.

'재산'이라는 말로 번역된 '우시아'는 'be' 동사에 해당하는 '에이미'^{εἰμί}에서 파생하였다. 그래서 소유보다는 존재의 의미를 가지는 말이다. 그런데 이런 말이 어떻게 '재산'이라는 소유적 의미를 갖게 되었을까? 여기서 '재산'이라는 말은 생계를 가능하게 하는 소유물로서의 토지를 의미한다. 이러한 의미의 토지는 소유자의 존재, 또는 본질을 대변하기도 한다. 토지라는 재산을 얼마나 가지고 있느냐에 따라 존재가 평가받는 시대에는 소유와 존재를 같은 범주에서 생각하는 것이 충분히 가능했다. 그래서 '우시아'라는 말이 한편으로는 토지와 같은 재산의 의미를, 다른 한 편으로는 존재나 본질이라는 의미를 가질 수 있었다. 그 때문에 둘째 아들이 아버지에게 요구한 것은 아버지의 존재를 가능하게 하고, 아버지의 본질을 대변하는 재산이라고 말할 수 있다.

그럼 둘째 아들이 받은 것은 무엇인가? 12절 하반부에 보면, 그것은 '살림'이다. 여기서 '살림'이란 말로 번역된 헬라어 단어는 '비오스'^{βίος}다. 이 말은 삶을 유지하는데 필요한 경제적인 수단, 곧 무엇인가를 사고팔 때 사용할 수 있는 물건이나 화폐 등을 말한다. 누가복음 21장 4절은 이런 의미의 '비오스'를 '생활비'라는 의미로 사용한다.

> "저들은 그 풍족한 중에서 헌금을 넣었거니와, 이
>   과부는 그 가난한 중에서 자기가 가지고 있는 <u>생</u>
>   <u>활비</u> 전부를 넣었느니라 하시니라."

'우시아'가 토지와 같이 부동산적 의미의 재산을 의미한
다면, '비오스'는 손으로 만질 수 있고 셀 수도 있는 동산적
의미의 재산이라 할 수 있다. 이 '비오스'는 '우시아'에서 나
왔으며, 이것을 가꾸고 풍성하게 해주는 수단이다. 아버지
의 존재를 가능하게 하고, 아버지의 본질을 대변하는 '우
시아'를 요구한 둘째 아들이 받은 것은 '우시아' 자체가 아
니다. '우시아'의 또 다른 존재 방식이라 할 수 있는 모양이
있고, 형체가 있는 '비오스'다.

이제 '비오스'를 손에 쥔 둘째 아들은 아버지의 집을 떠
난다. 그런데 '비오스'를 가지고 아버지에게서 멀리 떠난 그
가 한 것은 무엇인가? 그것은 자신이 받은 '재산을 낭비한
것이다'. 여기서 '낭비하다'^{διασκορπίζω}는 말의 기본 뜻은 '여기
저기 흩어서 뿌리다', '완전히 흩어서 뿌리다'이다. 그럼 그

가 흩어 뿌려서 완전히 사라지게 한 것은 무엇인가? 그것은 자신의 '재산'이다. 놀랍게도 여기에서 말하는 '재산'이 둘째가 아버지에게 달라고 청했던 그 '우시아'와 동일한 단어다. 아버지의 '우시아'는 토지라는 의미의 재산으로 해석할 수 있다. 그러나 타지에 있던 둘째 아들의 '우시아'는 토지와 연결할 수 없기에 그의 '존재', 그의 '본질'로 보는 것이 더 적합하다. 그래서 '자신의 재산을 낭비하였다'는 말은 자신의 존재 기반이 되는 '우시아'를 완전히 사라지게 하였다는 의미가 된다.

어쩌면 둘째 아들은 자신의 손안에 있는 돈이 자신의 존재를 대변해주는 것으로 간주했는지도 모른다. '비오스'와 '우시아'를 동일시하며 밖으로 보이는 '비오스'의 풍부함 속에서 자신의 존재 의미를 찾았는지도 모른다. '비오스'의 원래 목적인 보이지 않는 자신의 '본질'을 가꾸는 데 사용하지 않고, 육체의 소욕을 충족시키기 위해 허랑방탕하게 사용한 결과는 '비오스'만 탕진한 것이 아니라, 자신의 존재 자체도 완전히 잃어버린 것이다.

그런데 자신의 존재 기반을 완전히 잃어버린 둘째 아들은 어디로 가는가? 아버지의 집과는 멀리 떨어진 곳에서 자신을 송두리째 잃어버린 그는 그 나라의 '어떤 사람'에게로 가 그에게 붙어산다. 여기서 '붙어살다'^{κολλάω}는 말은 누가의 언어사용에서 특별한 의미가 있는 매우 중요한 말이다. 사도행전 17장에 보면, 아테네의 아레오바고 법정에서 사도 바울이 예수의 부활을 전하자 더러는 비웃고, 더러는 더 듣고자 한다. 이 더 듣고자 한 자들과 관련하여 누가는 '붙어살다'는 말을 24절에서 다음과 같이 사용한다.

> "몇 사람이 그를 가까이하여 믿으니, 그중에는 아
> 레오바고 관리 디오누시오와 다마리라 하는 여
> 자와 또 다른 사람들도 있었더라."

새번역은 '가까이하다'라는 말을 '바울의 편에 가담하다'로 번역한다. 이렇듯 '붙어살다'라는 말은 '~를 가까이하다', '~의 신봉자가 되다'는 의미를 같는다. '비오스'에 집중하다 자신을 자신 되게 하는 본질을 상실한 둘째 아들은 지푸라기를 잡는 심정으로 누군가를 붙잡는다. 그의 추종자가 된다. 그러나 자신의 존재를 가능하게 해줄 것이라 기대하며 합한 자는 그의 필요를 채워주지 못하는 자였다. 아니, 채

위줄 수 없는 자였다. 오히려 그는 자신의 필요를 위해 둘째 아들을 들로 보내 돼지를 치게 하는 자였다. 이렇게 둘째 아들이 자신의 존재를 맡긴 자는 그의 실존에 대해 전혀 관심이 없는 자였다.

불행 중 다행일까? 존재의 위기에 처한 둘째 아들은 자신이 선택한 길의 방향이 잘못되었음을 깨닫는다. '먼 나라의 어떤 사람'에게로 향하는 길은 자신의 실존적인 위기를 극복하는 길이 아님을 알게 된다. 바로 이 지점에서 누가복음은 독특한 표현을 사용한다. 성경에서 오직 이곳에만 나오는 정말 특이한 표현이다. 17절 전반부에 나오는 헬라어 문장을 직역하면 다음과 같다.

'그는 자기에게로 갔다.'(Εἰς ἑαυτὸν ἐλθὼν)

'자신에게로 가다.' 도대체 이 말이 무슨 뜻일까? 개역개정은 '스스로 돌이켰다'는 말로 번역하고, 새번역은 '제정신이 들었다'는 말로 번역한다. 이 말은 또한 자기 자신 안으로 들어가 자신의 내적 실존을 성찰한다는 의미로도 읽을 수 있다.

그러면 둘째 아들이 자신 안으로 들어가 자신을 성찰하며 깨닫게 된 것은 무엇인가? 그것은 자신이 죽어가고 있다는 것이다. 여기서 '죽다'는 말은 이 비유 앞에 나오는 '잃은 양을 되찾음에 관한 비유'와 '잃은 동전을 되찾음에 관한 비유'에서 네 번이나 사용된 단어다.^{ἀπόλλυμι} 그곳에서는 모두 '잃다'는 뜻으로 사용된다. 그래서 '죽다'는 의미는 '(자신의 존재를 가능하게 하는 우시아를) 잃어버리다', '(자신의 본질을) 잃어버리다', '(자신을) 잃어버리다'는 의미를 가진다.

오늘 비유에서 둘째 아들의 남다른 점은 자기 자신 안으로 들어가 자신을 정직하게 들여다보는 성찰을 하였다는 것이다. 이러한 성찰을 통해 그가 깨달은 것은 밖으로는 스스로 만족하는 쾌락적인 삶을 살았지만, 자신의 안은 썩을 대로 썩었다는 것이다. 보이는 것에 매몰되어 보이는 것을 추구하는 삶이 무언가 활력적이고 살아 있는 것으로 보이지만, 실은 자신을 자신 되게 하는 본질이 죽고, 자신의 존재 자체를 잃어버리는 결과를 초래하였다는 것이다.

그럼 자신을 잃어버린 존재가 자신을 되찾기 위해 해야 하는 것은 무엇인가? 그것은 귀향이다. 존재의 근원으로

돌아가는 것이다. 둘째 아들에게 존재의 근원, 곧 고향은
어디인가? 그곳은 아버지의 집이다. 아니 아버지 자체다.
자신의 본질을 형성하고, 자신의 존재가 나온 아버지다. 자
신 안으로 들어가 내적 성찰을 통해 자신이 죽어가고 있음
을 직시한 둘째 아들은 자신을 자신 되게 하는 본질을 회
복하기 위해 아버지께로 돌아가야 함을 깨닫는다. 이 깨달
음을 그는 18-19절에서 이렇게 읊조린다.

> "내가 일어나 아버지께 가서 이르기를, 아버지 내
> 가 하늘과 아버지께 죄를 지었사오니 지금부터
> 는 아버지의 아들이라 일컬음을 감당하지 못하
> 겠나이다. 나를 품꾼의 하나로 보소서 하리라."

자기 자신 안으로 들어가는 자는 존재의 근원인 고향으
로 가게 된다. '그 길'을 알지 못해 아버지의 집에서 먼 나
라에 있는 '어떤 자'에게로 갔던 둘째 아들은 이제 '아버지'
께로 간다. 그리고 자신의 존재의 근원인 아버지를 떠난 결
과 자신의 존재를 잃어버린 것을 죄로 고백한다. 이러한 존
재의 변화는 유산의 몫을 당당하게 요구하던 '아버지의 아

254 V. 나가는 아니리

들'에서 '품꾼의 하나'로 자신을 자리매김하는 단계로 나아
간다. 이것이 바로 둘째 아들이 자기 성찰을 통해 이르게
된 자기 진단이요, 자신을 치료할 수 있는 처방이다.

자기 자신 안으로 가 자신의 실존을 정직하게 대면하고,
자신의 존재의 실상을 직시한 둘째 아들은 일어나 자신의
아버지에게로 간다. 우시아를 잃어버린 아들이 일어나 자
신의 우시아의 근원인 아버지에게로 간다. 그의 이 아버지
에게로의 감이 바로 본질로의 귀향이다.

이제 초두에 소개했던 사람들에게로 돌아간다. 그들이
이미 유명한 교회로 자리매김을 한 교회를 떠난 것은 교회
를 교회 되게 하는 본질을 잃어버렸다고 진단하였기 때문
이다. 사실 교회를 교회 되게 하는 본질인 우시아는 잘 보
이지 않는다. 손에 잘 잡히지도 않는다. 그런데 이 우시아
를 보조해주는 비오스는 잘 보인다. 그래서 사람들은 만
질 수 있고, 셀 수 있는 이 비오스에 마음을 쉽게 빼앗긴
다. 물론 누가 처음부터 비오스에 더 몰두하겠는가? 분명
우시아를 더 견고하게 하기 위해서, 우시아를 더 뿌리 깊게
내리기 위해서 비오스를 붙잡고 사용한다. 그러나 자기 자
신 안으로 들어가 무엇이 본질이고, 무엇이 이 본질을 가

꾸고 풍성하게 해주는 비오스인지 성찰하는 것을 게을리
한다면, 사람의 속성상 곧 비오스를 우시아로 여기는 일이
일어난다. 그리고 우시아를 가꾸는 일에는 신경을 쓰지 않
고, 오직 비오스를 위하는 일에만 매진하게 된다. 이것이
우시아를 위한 것이라 확신하면서 말이다. 이런 신념, 이런
확신이 하나님의 이름으로, 신앙의 이름으로 합리화되면
합리화될수록 교회를 교회 되게 하는 본질은 죽게 된다.

　일제의 교회 탄압의 강도가 심해지던 1930년대 말, 교회
를 떠나 교회를 세운 '그때'의 사람들은 우시아가 죽어가고
있는 교회를 떠난 것이다. 그런데 그들의 떠남은 교회를 포
기하는 떠남이 아니었다. 오히려 교회를 세우고자 하는 떠
남이었다. 우시아를 회복하는 교회 말이다. 그래서 그들의
떠남은 아버지의 집에서 나가는 떠남이 아니라, 아버지의
집으로 돌아가는 떠남이었다. 그 때문에 이 떠남을 역설적
이게도 '귀향'이라 부를 수 있다. 아버지 집으로의 귀향, 아
버지께로의 귀향은 비오스가 판을 치는 교회 문화에 대한
저항이요, 우시아로 돌아가고자 하는 신앙적인 고백이다.

　지금 한국교회의 하나님은 교회 안에 거처를 정하지 못
하고 교회 밖에서 서성거리는 존재로 전락하고 있다. 하나

님 모양을 한 비오스들이 하나님을 추방하고, 그 자리를 점령해가고 있기 때문이다. 비오스를 본질로 간주하는 교회가 하나님 신앙이 아니라 비오스 신앙을 팔고 있고, 그 결과 신자들은 하나님을 믿는 신자들이 아니라, 비오스를 따르는 신자들이 되어 가고 있기 때문이다. 이런 교회에서 추방된 하나님은 이런 교회를 떠나 당신 자신에게로 귀향하기를 원하는 신자들을 찾고 계신다. 그리고 그들의 광야 길에 길동무로, 버팀목으로 함께 하신다.

그런데 우리는 교회의 역사를 통해 잘 알고 있다. 신앙의 이름으로 '나와 너'를 이룬 공동체가 얼마나 자주 맹목적인 집단 이성에 사로잡혀 하나님이 아니라 바알을, 하나님이 아니라 금송아지를, 하나님이 아니라 사람을 신으로 추종하는 일들이 일어났는지를 말이다. 바로 이러한 실상 때문에 교회는 공동체적으로 '자기 안으로 들어가' 자신을 성찰하며 자신의 현주소를 비판적으로 읽어야 한다. 내적 성찰을 개인의 차원으로만 유폐시키고 공동체적인 성찰을 소홀히 하는 교회는 '비오스'를 '우시아'로 착각하는 오류에 빠지기 쉽다. 공동체적인 성찰이 없는 교회는 자기 최면에 빠져 모든 교회의 관행을 하나님의 은혜로 둔갑시키는

비이성적 집단으로 몰락할 가능성이 있다. 신앙이란 이름
으로 생각하는 이성에 폭력을 가해도, 순종이란 이름으로
집단적인 맹종을 강요해도 그저 '아멘'만 외치는 종교적인
노예집단이 될 위험이 있다.

　이런 것이 현실이 된다면 그것은 교회의 비극이다. 교회
라는 이름은 가지지만 실은 교회가 아닌, 신자들을 '그것'
으로 전락시키는 사기 집단이 되기 때문이다. 이러한 비극
을 피하려 한다면 믿음으로 '나와 너'를 이루는 교회는 공
동체적인 자기 성찰을 치열하게 해야 한다. 매년 쌓이는 교
회의 전통을 '우시아'의 관점에서 비판적으로 바라보고 상
대화시키는 작업을 끊임없이 해야 한다.

　우리가 잊지 말아야 하는 것은 교회란 '우시아'가 아니
라는 것이다. 교회는 하나님 신앙을 풍성하게 해주는 '비오
스'일 뿐이다. 교회의 머리이신 주님께서 '안식일이 사람을
위해 있는 것이지, 사람이 안식일을 위해 있는 것이 아니다'
라고 말씀하셨다. 이 말씀은 교회에도 적용할 수 있다.

　　'교회가 사람을 위해 있는 것이지, 사람이 교회를
　　위해 있는 것이 아니다.'

사람은 교회의 성장을 위해 착취해도 되는 소모품이 아니다. 오히려 교회가 그 안에 있는 사람을 사람 되게 하는 역할을 해야 하는 '비오스'다. 따라서 교회를 절대화시키려는 모든 유혹에 저항해야 한다. 만일 사람이 교회를 위하여 존재하게 되면, 이런 교회는 본질은 내팽개치고 비오스의 장단에 춤을 추는 우상숭배의 산실이 된다. 본질로 귀향하는 신자들이 모이는 곳이 아니라, 존재를 상실한 허수아비들만 드나드는 종교건물이 된다.

'비오스'가 아니라 '우시아'로 돌아가는 떠남은 죽음을 향해 달려가는 거대한 교회 문화에 대한 거부와 저항을 의미한다. 이 저항이 아름다운 귀향이 되기 위해 우리는 많은 눈물을 흘려야 한다. 개인적이며, 공동체적인 성찰에서 나오는 눈물은 끝내 기쁨으로 단을 거둘 것이다. 떠남으로서의 귀향이 이런 희망을 노래하는 축제의 길이요, 아버지와 함께 즐기는 향연의 장이다.

이제 윤동주본회퍼루터강치원이라는 '나'의 '너'가 되는 독자들에게 다음과 같은 질문을 던지며 저항과 복종 사이의 길을 마친다.

저항과 복종,

그 사이에 있는 우리는

무엇에 저항하고, 무엇에 복종해야 하는가?

교회의 관행이

성경의 소리를 짓누를 때,

목사-주님의 카리스마적 설교가

성경의 진리와 부딪힐 때,

'그리스도인-교'가 '그리스도-교'를

광야로 추방하고 시대정신을 지배할 때,

보암직도 하고 먹음직도 한 '비오스'가

'우시아'를 몰아내고 교회의 상석을 지배할 때

우리는 어느 편에 서야 하는가?

교회의 거대한 탁류는

마땅히 저항해야 하는 것에 저항하지 못하고

마땅히 복종해야 하는 것에 복종하지 못함에서

오는 것은 아닐까?

교회의 희망은 어디에 있는 것일까?

아니, 교회에 희망이 있기는 한 것일까?
어쩌면 희망을 붙잡기 위해
희망 없는 교회를 떠나야 하는 것은 아닐까?
교회를 떠나는,
아니 떠날 수밖에 없는 절망,
이것이 참된 교회로 돌아가는 길에
불을 밝히는
희망의 등대가 아닐까?

저항과 복종의 또 다른 말이 된
떠남과 귀향,
이 역설이
새로운 희망의 물꼬를 트는
예수 그리스도의 길이요,
우리가 가야 할 길이 아닐까?

그림 차례

본서에 들어와 활자의 이해에 도움을 준 그림은 대부분 자유롭게 사용할 수 있는 'Wikimedia Commons'에서 가져왔다. 저작권에 대한 특별한 조건이 명시된 것만 괄호 안에 더욱 자세한 것을 언급하고, 그렇지 않은 것은 별도의 언급 없이 이름만 적는다. 그 외의 곳에서 가져온그림에 대해서는 가급적 출처를 자세히 밝힌다. 또한 독일의 뮌헨대학교 디지털 도서관에서 무료로 제공하는 자료들로부터 원본의 표지 사진들과 글 내용을 상당 부분 가져왔다. 이 자료들은 영문 도서관 이름의 줄임말인 'MDZ'로 출처를 밝힌다.

참고문헌

1. 일차 자료

Dokumente zum Ablassstreit von 1517. Hg. von W. Koehler. Tuebingen und Leipzig: J.C.B. Mohr, 1902. (Dokumente zum Ablassstreit von 1517)

Dokumente zur Causa Lutheri(1517-1521). 2. Teil: Vom Augsburger Reichstag 1518 bis zum Wormser Edikt 1521. Hgg. von P. Fabisch und E. Iserloh. Muenster: Aschendorffische Verlagsbuchhandlung, 1991.

Emser, Hieronymus. De disputatione Lipsicensi quantum ad Boemos obiter deflexa est. Leipzig: Melchior Lotter, 1519.

Eck, J. Responsio pro H. Emser contra malesanam Lutheri venationem, ad Joh. de Schleynitz, eccles. Misn. episcopum. Leipzig: Martin Landsberg, 1520.

Luther, Martin. D. Martin Luthers Werke. Kritische Gesamtausgabe. 127 Baende. Weimar: Hermann Boehlau, 1883-2009. (WA)

"D. Martini Lutheri Opera latina", in Varii Argumenti ad

reformationis historiam. Vol. IV: Cont. scripta Lutheri A. 1519 et 1520 cum disputationibus ab a. 1519 usque ad a 1545. Frankfurt a. M.: Sumptibus Heyderi et Zimmeri, 1867, 61-62.

Wiclif, Johann. De Christo Et Suo Adversario Antichristo: Ein Polemischer Tractat Johann Wiclif's. Hg. von R. Buddensieg. Gotha: Friedrich Andreas Perthes, 1880. (De Christo)

『루터: 로마서 강의』. 기독교 고전총서 14, 이재하·강치원 공역. 서울: 두란노아카데미, 2011. (『루터: 로마서 강의』)

2. 이차자료

Brecht, Martin. Martin Luther. 3 Baende. Stuttgart: Calwer, 2013. (Brecht)

Buck. Lawrence P. "Anatomia Antichristi: Form and Content of the Papal Antichrist", in Sixteenth Century Journal XLII/1(2011), 349-368.

Kierkegaard, Søren. Zur Selbstpruefung der Gegenwart empfohlen. Uebersetzt von Chr. Hansen. Erlangen: Deichert, 1869.

Latmiral, G. "Brief an G. Leibholz vom 6. 3. 1946". Florian

Schmitz. Nachfolge. Zur Theologie Dietrich Bon-
hoeffers. Goettingen: Vandenhoeck & Ruprecht,
2013.

Oberman. Heiko A. Luther. Mensch zwischen Gott und
Teufel. Berlin: Severin und Siedler, 1982.

Udolph, Juergen. Martinus Luder - Eleutherius - Martin
Luther. Warum aenderte Martin Luther seinen
Namen? Heidelberg: Universitaetsverlag Winter,
2016.

라카프라, 도미니크. 『치유의 역사학으로: 라카프라의 정신분석
학적 역사학』. 육영수 엮음. 서울: 푸른역사, 2008.

로제, 베른하르트. 『마틴 루터의 신학』. 정병식 역. 서울: 한국신
학연구소, 2002. (로제)

맥그래스, 앨리스터. 『하나님의 칭의론. 기독교 교리 칭의론의
역사』, 한성진 역. 서울: 기독교문서선교회, 2008. (맥그
래스)

박노해. 『그러니 그대 사라지지 말아라』. 서울: 느린걸음, 2016.

베인톤, 롤란드. 『마르틴 루터의 생애』, 이종태 역. 서울: 생명의
말씀사, 2002. (베인톤)

본회퍼, 디트리히. 『나를 따르라』. 손규태·이신건 공역. 서울: 대
한기독교서회, 2010. (『나를 따르라』)

_____, 『신도의 공동생활, 성서의 기도서』. 정지련·손규태 공역.

서울: 대한기독교서회, 2013. (『신도의 공동생활』)

_____,『저항과 복종 - 옥중서간』. 손규태·정지련 공역. 서울: 대
한기독교서회, 2010. (『저항과 복종』)

_____,『행위와 존재: 조직신학 내에서의 초월철학과 존재론』.
김재진·정지련 공역. 서울: 대한기독교서회, 2010.

에릭슨, 에릭.『청년 루터』. 최연석 역. 서울: 크리스챤 다이제스
트, 1997.

옌스, 발터/큉, 한스.『문학과 종교. 문학과 종교에 비친 근대의
출발과 와해』. 칠곡: 분도출판사, 1997. (큉)

조지, 티모디.『개혁자들의 신학』. 이은선?피영민 공역. 서울: 요
단출판사, 1995. (조지)

최명란,『쓰러지는 법을 배운다』. 서울: 랜덤하우스코리아,
2008.

최재호. "고해성사와 종교개혁",『역사와 경계』63 (2007), 119-
46.